학생부 과목세부특기사항에 강한 아이 만들기

SKY대를 위한

과세특/수행/보고서

완결판

김원호 | 김도균 | 김용배

과목별 세부정보 및 특기사항

목차

자녀들이 열정만 가지고 공부를 한다고 해서 자신이 원하는 목표를 성취할 수 있을까요?
저는 열정에 꾸준함이 있어야 한다고 생각합니다. 우리 자녀들은 초등학교부터 영어 기초를 튼튼하게 다지기 위해서 문법을 차곡차곡 배워 왔고, 독해와 회화에도 많은 시간을 쌓아왔습니다. 중학교에 입학하기 전까지 영어로 된 소설책도 읽었고, 파닉스를 통해 회화에 기반을 가질 정도로 자녀들에게 많은 투자를 해왔습니다. 그러나 우리 자녀들은 막상 외국인 앞에 서면 어떻게 행동하던 가요?

학교 내신은 수행평가 비율이 30%를 차지합니다. 시험에서 만점을 맞는다고 해도 수행평가 점수가 좋지 않으면, 좋은 내신을 받을 수 없습니다. 수행평가는 자신 생각을 논리적으로 글로 풀어 쓸 수 있어야 합니다. 그러나 주요과목만 암기식으로 학습하다 보니, 학생들은 글을 쓸 수 있는 창의력 그 자체가 부족한 것이 현실입니다.

학생들 진로, 진학 컨설팅을 하면서 느낀 점은, 학생들은 학교와 학원을 다녀오면 공부를 다 한 것으로 착각하고 있다는 것을 알았습니다. 에빙하우스가 말한 망각곡선이 있습니다. 배운 지 하루가 지나면 70% 이상을 기억할 수 없다는 이론입니다. 예습도 중요하지만, 복습 중요성은 강조해도 지나치지 않습니다.

복습과 관련해 어떤 식으로 학생들이 공부해야 성적이 향상될지 고민하다가, 학생들 성적향상 경험을 토대로 이 책을 쓰게 되었습니다. K라는 학생이 있었습니다. 머리도 그리 나쁜 것 같지 않고, 공부도 열심히 하고 있어, 좋은 성적이 나올 것으로 기대되었습니다. 그러나 시험만 보면 항상 본인이 예상하는 성적이 나오지 않아 공부에 흥미를 잃어가고 있었습니다. 과목에 맞는 학습법을 소개하며, 학생이 쉽게 따라 할 수 있도록 도움을 주었습니다.

학교에서 배운 내용을 배운 내용을 노트에 생각하며 적어보게 했습니다. 생각이 잘나지 않는 부분은 다시 피드백을 통해 적게 했습니다. 이렇게 적은 내용을 "코넬식 노트기법" 으로 노트 한 장에, 맨 위 칸은 학습한 날짜와 제목, 왼쪽 칸은 핵심 키워드를 적게 하고, 가운데는 중요한 내용을 적게 했습니다. 그리고 맨 마지막 칸에는 140자로 간략하게 전체 내용을 요약하게 했습니다. 배운 내용을 노트 한 장에 정리해 그 과정들을 이미지화해 장기기억의 발판을 만들 수 있었습니다.

수학은 배운 내용을 학생이 말로 설명할 수 있도록 역할을 바꾸어 보았습니다. 학생이 선생님이 되어 선생님을 가르쳐보는 것이었습니다. 이 과정에서 아는 것과 모르는 것을, 학생 스스로 인지하는 단계에 이르게 되었습니다. 지속적인 공부 습관과 자기주도성 없이 선생님께서 주입하는 대로 수동적으로 문제를 풀고, 지식을 암기해서는 절대로 학습 능력을 향상하게 시킬 수 없습니다. 이 책을 읽는 모든 학생이 스스로 할 수 있는 목표의식과 동기부여로 공부에 흥미를 찾아 목표를 이루어 나가길 기대합니다.

이 책을 함께 써주신 IDA 입시연구소 김도균대표님, 김용배소장님께 깊이 감사를 드리고, 편집에 수고해주신 강설화선생님께 진심을 담아 감사를 드립니다.

#01 학습고원

수평을 이루어 일정 기간 진보가 정체되어 학습효과가 나타나지 않은 현상이다. 고원현상 시기에는 지식이 머릿속에 들어와 있는데도, 생각과 달리 쉽게 꺼내어 쓸 수 없고, 원래 알던 것까지 까먹은 듯한 모습을 보여 학생들이 초조함이 나올 수 있다.

 그러나 겉으로 표가 나지 않을 뿐, 뇌는 지금도 부지런히 지식을 정리해서 사용할 수 있는 형태로 바꾸는 삭업을 하고 있다. 학생들은 이 시기를 잘 극복해야 한다. 공부를 잘하기까지 몇 가지 단계가 필요하다.

첫째, 목표설정을 하고 진로 탐색을 통해 동기부여를 갖는다.
둘째, 수준별 맞춤학습으로 학습계획서를 계획하고, 자기 주도 학습을 해야 한다.
셋째, 자신에게 맞는 학습법을 정해 자신만의 공부법을 갖는다.

이 과정을 거쳐 성적 향상이 된다.

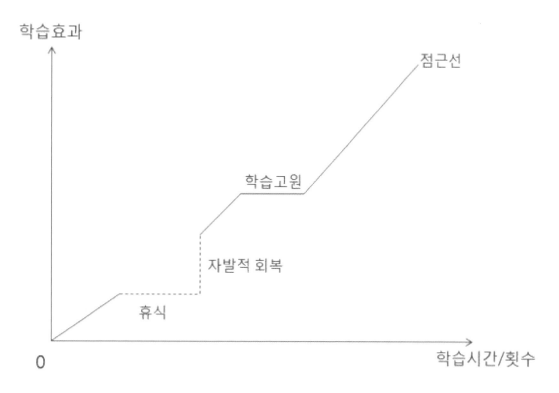

#02 Gamification

게이미피케이션은 전문가가 게임이 아닌 분야에 대한 지식 전달, 행동 및 관심 유도 혹은 마케팅 등에 게임 요소를 접목하여 학습에 흥미를 줄 수 있다.

시각적 이미지는 인간의 뇌가 학습하기에 가장 좋은 수단 중 하나이다.

수업 후에 조를 나누어 16개 4×4 혹은 25개 5×5칸에 빙고 게임 형태로 핵심 단어를 정리하게 하고 빙고 게임을 진행하며 주요 내용을 복습할 수 있다. 이렇게 게임을 활용한 교육 방식(Gamification)은 학습자들이 도전, 경쟁, 보상 등의 게임 요소를 통해 학습에 몰입하게 된다.

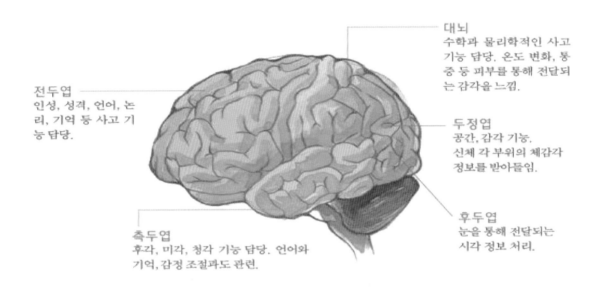

대뇌
수학과 물리학적인 사고
기능 담당. 온도 변화, 통
중 등 피부를 통해 전달되
는 감각을 느낌.

전두엽
인성, 성격, 언어, 논
리, 기억 등 사고 기
능 담당.

두정엽
공간, 감각 기능.
신체 각 부위의 체감각
정보를 받아들임.

후두엽
눈을 통해 전달되는
시각 정보 처리.

측두엽
후각, 미각, 청각 기능 담당. 언어와
기억, 감정 조절과도 관련.

사례1. 퀴즈 서바이벌 게임이 있다. 암기해야 하는 내용을 영어단어라고 설정하고, 상대방에게 자신이 가지고 있는 단어를 한국말로 설명해서 자신의 자료를 0으로 만드는 쪽이 이기는 게임이다. 자신이 가지고 있는 단어를 설명하다 보면 단어에 대한 접근이 쉬워지고 기억력도 향상할 수 있는 게임이다. 문제를 만들 때는 자신이 쉽게 설명할 수 있는 단어를 선정하는 것이 최후 승리자가 될 수 있다.

#02 Gamification

사례2. H고등학교 영어선생님은 항상 수업을 하고 나면 좌절감에 빠지곤 했다.

다른 과목을 공부하고 있는 학생과 수업 시간에 집중하지 못한 학생들에게 게이미피케이션을 적용해 보고 싶었다. 누구나 쉽게 할 수 있는 빙고 게임을 (5×5=25개) 수업이 끝나기 10분 전에 시도했다.

오늘 수업 시간에 배운 지문에서 생각나는 단어 25개를 빙고 게임 용지 위에 쓰게 했다.

다 쓴 용지는 앞, 뒤, 옆줄 학생들과 바꾸어 자신의 빙고 용지가 아닌 친구의 빙고 용지를 가지고 게임에 임하게 했다. 물론 가장 빨리 25개를 지우는 학생에게는 도서상품권을 주기로 했다.

학생들이 적극적으로 참여하여 수업 시간에 배운 내용을 학습하는 결과를 만들어 냈다.

학생들이 자신의 위상을 한번 누려보고 싶다는 생각을 만드는 것이 바로 이런 게이미피케이션이다.

#03 퍼실리테이션

전체의 흐름과 핵심내용을 글과 그림으로 표현하는 방법이다.

즉, 가르치는 일을 쉽게 하는 것이 아니라, 학습자가 학습이 좀 더 쉽고 효과적으로 될 수 있도록 돕는 것이다. 선생님이 수업자료를 설명하지 않고, 학생들에게 수업 내용을 검토하게 한 뒤 이해되지 않거나 궁금한 점을 정리해서 질문하게 하고, 선생님께서 답을 하는 그룹탐구법이 있다.

학생들에게 질문을 먼저 생각하게 하고 선생님께서 질문에 답하면서 설명을 할 수 있도록 순서를 바꿔 줌으로써, 학생들의 관심과 호기심을 자극하는 것이다.

또한, 학생들에게 상세한 학습 내용을 설명하고, 학습 내용을 인지한 학생이 다른 학생에게 가르치도록 하는 퍼즐 학습법도 있다.

오픈 북 테스트처럼 학습자들에게 문제지를 주고, 책이나 교재, 인터넷 등의 학습 자료를 찾아서 문제를 풀게 하는 정보탐색법 등 다양한 러닝 퍼실리테이션 학습법들이 있다.

사례1. 4차 산업 인공지능에 대한 미래 산업의 변화에 대해 정보탐색 법을 사용하여 과제를 냈는데 학생들이 조사한 내용을 정리해보았다. 학생들은 미래 전망에 대해 5가지를 조사하여 발표했다.

첫째, 제조업의 변화이다.

4차 산업시대 이전 제조업은 어느 정도 자본을 구축한 자본가의 전유물이었다.

그런데, 4차 산업시대에 들어서면 3D 프린팅과 같은 4차 산업 기술을 집에서도 제조할 수 있게 된다. 스마트팩토리를 현실화하여 기존의 자본가들과 경쟁할 수 있는 시대가 온 것이다.

둘째, 로봇의 발달이다.

인간들이 하기 힘든 위험한 작업, 청소, 노인 보조 등은 AI 기술을 탑재한 로봇에 의해 이루어진다.

셋째, 비트 세계와 아트 세계의 융합이다.

비트 세계라고 일컬어지는 온라인 세계, 아톰 세계가 하나가 된다.

VR과 3D 프린팅 기술로 인해 온라인상의 정보와 기술이 현실의 나와 온라인상의 내가 하나 되어 경험해 보지 못한 새로운 경험을 해보게 되는 것이다. 넷째, 의료서비스 변화이다.

인공지능의 발전으로 IBM이 개발한 AI 의사 왓슨은 현재 고도의 정보망 및 기술력으로 환자 개인에 맞는 양질 의료서비스를 제공하고 있다.

다섯째, 일자리 감소와 기본소득금 지급이다.

단순 반복적이고 노동 강도가 힘들었던 분야들이 모두 자동화로 대체되어 로봇이 일하게 되고, 인간은 노동으로부터 해방되어, 기본소득금을 지급받게 된다. 대신 로봇 세를 내야 한다.

학습의 주체가 학생이 되는 것이 퍼실리테이션이다.

#04 스토리텔링

사례1.

Opening (주제 선언)	저는 지금부터 열정과 성실함에 대해서 말씀드리겠습니다.
storytelling (예화)	지난 수십억 년 동안 그래왔던 것처럼 태양은 한순간도 멈추지 않고 빛을 비추어 왔습니다. 태양과 같은 열정과 성실함이 저의 특성 입니다. 중학교 때부터 시작한 영어공부 하루도 거르지 않고 공부했습니다. 처음에는 문법을 알기 위해 학원을 다니며 단순 암기하기 보다는 이해를 하며 반복학습을 했습니다. 책을 두 권을 사서 한 권은 선생님께서 설명해주시는 내용을 책에 적었습니다. 그리고 집에 와서 다른 책을 보면서 강의 내용을 그대로 소리 내어 저 자신에게 설명해보았습니다. 이 과정에서 아는 것은 확실하게 설명할 수 있는데 모른 것은 설명 그 자체가 어려웠습니다. 그러면 다시 배운 책의 내용을 보면서 선생님께서 강의하셨던 내용을 이미지화하여 기억을 되살려보았습니다. 되살아난 기억들을 다시 피드백 하여 확실시 배운 내용을 이해하게 되었습니다. 영어단어를 외우는 것은 인내력이 있어야 한다고 생각합니다. 처음 단어를 외울 때는 하루 외울 양을 정해 무턱대고 암기했습니다. 그리고 3~4일 후에 보면 생각나는 단어는 얼마 되지 않았습니다. 너무 비효율적이라는 생각이 났습니다. 단어를 외울 효율적인 방법을 찾던 중 단어를 몰아서 외우지 않고 분산시켜 암기했습니다. 가령 일주일 동안 외울 단어가 140개라면 하루에 20개씩 암기하는 것입니다. 오늘 20개를 외울 때 어제 암기한 20개를 살펴보아 생각나지 않는 단어를 오늘 외울 20개에 포함해서 외우고 백지에 단어를 계속해서 써보았습니다. 습관화가 형성되어서 지금은 토익을 풀 수 있을 정도의 단어를 머릿속에 저장하게 되었습니다. 독해는 지문 각 단락에서 핵심 단어를 뽑아내어 각 단어의 연관성을 살펴보고 그 단어들로 문장을 만들어 글로 써봅니다. 그러면 창의력도 늘어나고 공부에 흥미를 더욱 가질 수 있는 동기가 생겼습니다. 가령 각 단락에서 뽑아낸 단어가 의사, 수술, 제인, 몸, 스펀지, 울음이라는 단어가 있다면 의사가 수술을 했는데 제인 몸에 스펀지가 있어서 울었다. 라는 문장을 연상할 수가 있는 것입니다. 이런 식으로 꾸준함을 가지고 학습하자 성적이 향상될 수 있었습니다. 독해의 또 다른 방법으로 문법에 의존하지 않고 육하원칙을 이용해서 앞에서부터 끊어서 빨리 소리를 내어 읽어나가는 훈련을 계속했습니다. 이런 방법이 습관화되어 발음과 영작, 그리고 독해 속도가 빨라지고 학교 내신과 다른 과목의 향상으로 이어질 수 있었습니다.
Closing (주제 반복)	어떤 일이든 열정만 있어서 안 된다고 생각합니다. 성실함이 있어야 한다고 생각합니다. 태양처럼 하루도 거르지 않는 성실함을 바탕으로 진학에 대한 목표를 이루어 나가고 있습니다.

사례2.

Opening (주제 선언)	저는 지금부터 열정과 꾸준함에 대해서 말씀드리겠습니다.
storytelling (예화)	직장을 다니다가 늦은 나이 자기계발을 위해 대학에 진학하게 되었습니다. 무슨 교양과목을 들어야 할지 여러모로 고민하다가 멘토의 도움을 받아 학생들에게 열정적인 강의를 하시는 영어 교양과목을 수강하게 되었습니다. 교수님께서 강의하는 내용이 낯설고 어렵게 만 느껴졌습니다. 이왕 시작한 것 도전의식을 가지고 수업시간에 배운 내용을 교수님께 질의도 하고, 발표 등을 통해 학우 님들에게 제가 공부하는 방법에 대해 공유했습니다. 단어도 암기해보고 독해도 수업 내용에서 배운 방법으로 해석해 보았습니다. 오랜 시간 동안 뇌에서 멀어졌던 에너지가 솟아 나오는 것을 느낄 수가 있었습니다. 문득 고 정주영회장의 말이 생각났습니다. "해보기나 해 봤어," 그렇습니다. 나이가 많다고 생각하고, 지금, 이 나이에 영어공부를 해서 무엇 하려고, 나태하게 생각했던 저 자신에게 부끄러움을 느꼈습니다. 꾸준히 기초적인 원서를 읽으면, 패턴 생활영어를 꾸준히 보니 이제는 간단한 생활 영어는 할 수 있다는 자신감이 생겼습니다. 혹독한 시련을 견디면서 한 송이의 아름다운 꽃을 피우기 위해 몸부림치는 꽃처럼 영어에 몸부림치는 열정을 가지게 되었습니다. 지난날 열정을 가지고 주어진 일에 최선을 다한 모습이 주마간산을 스쳐 지나가듯 아른거립니다. 1주차 강의 시간에 교수님께서 하신 말씀이 생각납니다. 여러분의 최선과 저의 최선이 열정이 꾸준함으로 이어져 우리의 희망을 찾아보자는 격려가 새삼 떠오릅니다. 이번 학기가 끝나더라도 꾸준함을 가지고 패턴 생활 영어를 익혀 한국을 찾는 외국인들과 대화하는 저의 그려보겠습니다.
Closing (주제 반복)	우리는 모든 일을 처음 시작할 때는 열정을 가지고 시작합니다. 그러나 어느 순간, 이 열정은 눈 녹듯이 사라지고 다람쥐 쳇바퀴 도는 제 모습을 보곤 합니다. 모든 일은 열정도 중요하지만 계속해서 하고자 하는 마음이 가는 꾸준함이 필요하다고 생각합니다. 열정과 꾸준함의 소중함에 대해 말씀드렸습니다.

#05 하부르타

히브리어로 친구 또는 짝을 뜻한다. 하부르타 학습법은 뇌를 격동 시키는 학습방법이다.
끊임없이 질문을 하며, 서로의 사고를 확장 시키는 과정을 통해 뇌를 능동적으로 활동하게 해주는 것이다.
말하기 학습법은 학교뿐만 아니라 가정에서도 활용할 수 있다.
아이의 생각을 가로 막는 말을 하지 않도록 유의하고, 시간을 내서 자녀와 한 가지 주제를 놓고 깊이
대화하는 시간을 가져보는 것이 하부르타 학습법이다.

사례1. H 윤리선생님은 수업시간에 학생들과 경청에 대해 토론 수업을 했다.

선생님은 경청의 사례로 중국 최초로 한나라 왕이 된 유방의 이야기를 들려주었다.
그 시대 최대 숙적 유방은 해하 전투를 앞두고 참모들에게 동의를 구하는 물음 "어떠냐?"(何如)를 통해
경청을 했지만, 참모들에게 동의만 구했던 항우의 물음 "어떻게 하지"(如何)를 통해 경청하지 않았던 항
우는 유방의 참모가 만든 술책에 걸려들어 전투에 패한다. 이 내용을 들려주고, 짝을 지어 토론하고 논
쟁하게 했다. 이른바 ' 하부르타' 교육 방식이다. 하부르타 핵심은 '2명씩 짝을 지어 파트너 십으로 공
부하는 것이다. 교사는 학생들이 토론하다 막혔을 때 대답해주는 정도만 개입한다.
토론을 통해 학생들은 상대의 이야기를 잘 듣는 것은, 무엇을 말할 수 있는지를 이해할 수 있고, 상대
의 입장에서 말을 잘할 수 있게 하는 배려 심을 배운다.

H교사는 "강의를 들으면 5%밖에 기억에 남지 않지만, 서로 가르쳐주면 90%가 기억에 남는다는 연구
결과가 있다"며 "학생들끼리 서로 설명하면 아는 것과 모르는 것을 정확히 알게 되고 다양한 풀이법을
알게 돼 학습 효과가 뛰어나다"고 말했다. H교사는 또 "남에게 질문하고 토론하려면 생각을 해야 해서
두뇌가 끊임없이 활동할 수밖에 없다"며 "하부르타를 꾸준히 하면 아이들의 잠자는 뇌가 깨어나고, 창
의성도 좋아질 것"이라고 말했다.

#06 플립러닝(거꾸로 수업)

배운 내용을 친구에게 설명하는 과정은 학생들에게 자기가 생각하고 있는 원리를 깊게 이해하게 한다. 거꾸로 수업은 배운 내용을 이미 알고 있는 내용 혹은 수업시간에 배운 내용을 학습파트너에게 설명하는 것이다. 학습에 대한 서로의 경험을 나누는 것, 자체도 유용한 학습이 된다.

관심 있는 이슈를 가지고 서로의 의견을 나누면 상대방의 의견도 존중할 수 있는 능력을 키울 수 있다. 그리고 주어진 문제를 협업을 통해 문제를 해결할 수 있는 능력을 배울 수 있다.

또한, 플립러닝은 서로의 주장에 대해서 비평을 하면서 서로 가르치며 배울 수 있다.

구조

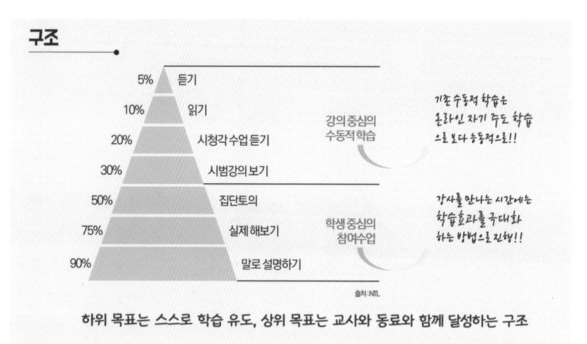

5%	듣기
10%	읽기
20%	시청각 수업 듣기
30%	시범강의 보기
50%	집단토의
75%	실제 해보기
90%	말로 설명하기

강의중심의 수동적학습

학생중심의 참여수업

기존 수동적 학습은 온라인 자기 주도 학습으로 보다 능동적으로!!

강사를 만나는 시간에는 학습효과를 극대화 하는 방법으로 진행!!

출처:NTL

하위 목표는 스스로 학습 유도, 상위 목표는 교사와 동료와 함께 달성하는 구조

정의

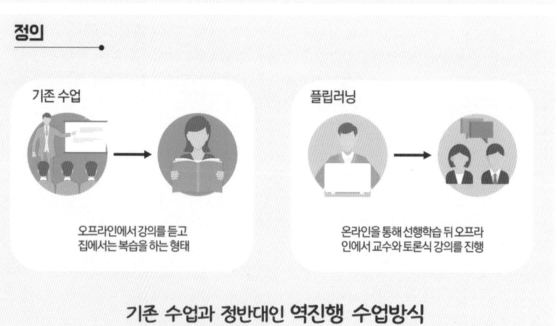

기존 수업

오프라인에서 강의를 듣고 집에서는 복습을 하는 형태

플립러닝

온라인을 통해 선행학습 뒤 오프라인에서 교수와 토론식 강의를 진행

기존 수업과 정반대인 역진행 수업방식

출처 : https://m.blog.naver.com/PostView.nhn?blogId=kangminjun13&logNo=221710359713&proxyReferer=https%2F%2Fwww.google.com%2F&view=img_2

#06 플립러닝(거꾸로 수업)

사례1. 여기 한 학생이 있습니다. 이번 시험에서 1등을 할 겁니다. 이 학생이 한 말이 어떻게 들리시나요? 당연히 기특한 생각이죠. 신취적인 학생인 것 같네요. 1등이라는 제한적 목표 밖에 실천하지 못하는 것은 전략적 학습자일 뿐이라고 미국의 교육 전문가 켄 베인 교수는 말합니다. 전략적 학습자는 틀을 깨는 창의적인 인재가 되기 어렵습니다. 스스로 깨닫고 발전하는 딥러너(deep learner)를 키워야 창의성이 꽃필 것입니다. 에이, 창의성이 아무나 있나요? 맞아요. 창의력은 아무래도 타고 나야 하는 거 같은데... 그렇지 않습니다. 모든 인간은 고유한 창의성을 가지고 태어납니다. 물론 후천적으로 그것은 더욱 발전시켜줘야 합니다. 대다수 국가가 교사, 교수 한 명이 다수의 학생들에게 일방적 지식을 전달하는 식의 교육을 하는데, 이것은 오히려 창의성을 죽입니다.

이런 학습은 대부분 지식 활동의 가장 낮은 단계인 "암기력" 만 시험할 뿐 창의성을 끄집어내지 못합니다. 창의성은 암기력 뿐만 아니라 지식을 스스로 분석, 적용, 평가하는 단계를 모두 경험해야 발현할 수 있습니다. 딥러닝 하는 학생을 키우려면 성장형사고(growth midset)를 갖게 해주는 것이 중요합니다. 아이가 어릴 때부터 성장형사고를 가지면 "나는 지금 이만큼 밖에 모르지만, 더 나아질 수 있다는 생각을 갖고 배움에 임합니다. 반대로 고정형사고(fixed)사고는 재능은 타고나며 바뀌지 않는 것" 이란 생각입니다. 이런 생각을 주입 받는 아이는 "내 수준은 여기 까지" 야 결론짓고 생각의 창을 닫아버립니다.

부모나 교사가 "넌 참 똑똑 하구나!"하는 칭찬은 아이들에게 고정형사고를 부추긴다는 연구 결과가 있습니다. 아이의 머릿속에 "재능은 타고 나는 것" 이란 인식을 심어 주기 때문입니다. 아이가 노력하는 과정을 짚어서 칭찬해주면 아이 스스로 어떤 노력이 어떻게 성장으로 이루어졌는가를 파악하게 이끌어 줍니다. 네가 그동안 참 열심히 공부하더니 이렇게 좋은 성적을 받았구나. 네가 계획한 계획표를 실천하려고 노력하는 모습이 참 기특했단다.

00대 사범대 10동 106호. 사방이 화이트보드로 둘러싸인 특별한 강의실입니다. 권00수학 교육과 교수의 "정수론" 수업입니다. 한 조에 한 명씩 나와 증명법으로 화이트보드에 쓰고 풀이 방식을 설명해 보세요. 이 수업 방식은 기존의 교수가 설명하고 학생이 풀던 방식과는 정반대입니다. 교수와 학생의 역할이 뒤바뀐 것이죠. 이른바 플립러닝(flipped learning)입니다. 권 교수는 기존 수학자가 만들어 놓은 공식을 적용해 문제를 풀지 않고, 자신만의 증명을 시도한 학생을 높게 평가합니다.

수학적 창의성은 한 가지 수학 문제를 다양한 방식으로 풀 때 발현됩니다. 하지만 학생들은 곧 플립러닝이 가지고 있는 매력을 알게 되었습니다. 내 생각대로 풀이 과정을 썼는데 자꾸 칭찬을 받으니까 너무 재미있어서 새벽 2시까지 수학 문제를 풀기도 합니다. 남들이 풀어온 여러 방식을 보면서 제 생각도 점점 발전시키고, 시야도 넓어지는 것 같습니다. 학생들은 소규모 그룹으로 나눠 난생처음 마주하는 문제를 스스로 풀게 해 보세요. 문제해결을 위해 협력하는 과정에서 중요한 실패를 경험할 것입니다. 기존에 없는 새로운 해결책을 찾기 위해 딥러닝에 빠져드는 그 순간 창의성이 발현될 것입니다.

#07 레토릭법

배토릭, 수사적 장치는 글에서 주장하거나 표현해야 할 결론을 독자가 빠르게 이해하도록 도하는 언어 표현 기법으로 설득의 도구다. 어떤 주제에 대해 자신 생각을 단정 지어 버리기보다 자신 생각과 상대 방에게 의견을 한 번 더 물어보게 하는 방법이다. 바로 상대방 본인 입으로 말을 하기 때문에, 상대방도 나의 의견과 생각에 동의한다고 느끼게 만드는 것이다.

출처 : https://www.supetooku.com/contents/5v181cb8b17915a54826787

사례1.

지니 : 우리 교장 선생님 너무 시대에 뒤지지 않았어? 너무 구시대 사람이야. 시대에 한참 뒤떨어졌어.
　　　학생들에 대해서도 이해심도 없고, 요즘 흐름을 읽을 줄 몰라.

여우 : 나도 그렇다고 생각은 해, 그래도 한편으로 보면 그렇게 자기 위상을 지켰으니까 교장이라는
　　　자리를 금까지 지키고 있겠지. 그렇지 않아?

　이렇게 이야기를 하게 되면 상대방 본인 입으로 교장 선생님을 험담했기 때문에 지니 의견과 생각에 여우가 동의한다고 느끼게 만드는 것이 레토릭 학습법이다.

#08 브레인스토밍

나무라는 제시어가 주어졌을 때, 나뭇잎, 뿌리, 줄기, 열매, 숲, 휴양지 등, 나무와 관련된 것들만 떠올리는 것 을 주제별 연싱이라고 한다. 반면에 나무와 직간접적으로 관련 없어 보이는 단어나 나무에 대한 느낌, 나무에 대한 상상의 영역까지 모두 적는 것을 자유연상 이라고 한다. 기억력과 교과목 복습에는 브레인스토밍을 적용하여 디앙한 화제나 이야깃거리 등을 구상하여 적용해보면, 기억력 향상에 도움이 된다.

이처럼 브레인스토밍은 집단의 구성원들이 하나의 구체적인 문제에 초점을 두고 가능한 많은 아이디어를 생성해내기 위한 기법이다.

사례1. 다음 단어를 보고 자유 연상을 통해 떠오르는 연상되는 말을 채워보고, 짤막한 문장으로 연결해보자.

제시어: 강남, 백종원 음식점, 많은 사람

음식: 맛있어서, 저렴해서, 먹음직스럽게 보여서, 청결 해서, 음식 플레이팅이 예뻐서, 메뉴가 다양해서, 재료가 신선해서 ....

서비스: 친절해서, 직원이 잘생겨서, 주문한 음식이 빨리 나와서, 리필이 되어서, 양과 질이 좋아서...

마케팅: TV에 자주 나와서, SNS에 많이 나와서, 후기가 좋아서, 이벤트를 많이 해서...

환경: 인테리어가 고급스러워서, 주변 문화 시설이 좋아서, 주차장시설이 좋아서, 청결 해서....

이런 방법으로 제시어를 가지고 수업과 관련된 화제나 이야깃거리 등을 구상하여 적용해보면 기억력과 창의력이 좋아질 수 있다.

문장 구성: 강남 백종원 음식점은 왜 많은 사람으로 붐빌까?

#09 전습법 & 분습법

전습법은(국어, 영어독해, 국사, 독서 등) 책 한 권을 처음부터 끝까지 전부 공부하는 방법이다. 학습할 재료가 국사처럼 전체 내용이 일정한 흐름에 따라 전개될 때 사용하면 효과적이다.
 내용의 전체 흐름을 마인드맵 하여 이해하면 머릿속에 저장된 기억 사이에 연관성이 늘어나 기억력 감소가 낮아지고, 반복 학습할 때 시간과 노력도 줄어든다.

 머릿속에 쌓인 지식이 많고 축적된 경험이 많을수록 전습법은 효과를 발휘한다.
예를 들어, 전습법 방식으로 영어 독해를 공부한 후 곧바로 영어 독해를 공부하는 것은 아직 기억력 감소가 높지 않으므로 효율적이지 않다. 전습법은 깊게 공부하는 것이 좋다.
 공부는 일반적으로 1시간에 5~7쪽 정도의 분량으로 하는 것이 좋다. 공부한 내용은 목차만 보고도, 또는 보지 않고도 해당 과목의 내용을 전부 머릿속에 떠올릴 수 있어야 한다. 그리고 누군가에게 설명한 다는 생각으로 말로 표현해 보는 습관을 갖는 것도 학습에 많은 도움이 된다.

 분습법은 학습 재료를 수십 번으로 분리해서 공부하는 방법이다. 즉, 학습할 내용을 목표를 세워 조금 씩 습득해가는 방법이다. 학습 재료가 서로 관련성이 적고 많은 내용으로 되어있고 복잡하며 학습자의 수준에 비해 어려울 때 사용하는 방법이다. 분습법에 효과적인 과목은 수학과 영어 회화로 반복 학습을 할 때 시간 간격을 두고 분산해서 공부해야 한다. 오늘 공부한 내용을 다음날 반복해서 보고, 그리고 며 칠 후에 반복하는 형식으로 시간 차이를 두고 반복 학습한다.

사례1.
 OO학생은 pattern 생활영어 200개를 매일같이 꾸준히 하루에 5개 패턴 구문을 외우기로 했다. 200개의 패턴 구문을 두 달에 몰아 외워봤는데, 그때는 200개가 거의 머릿속에 장기기억으로 남아 있었다.
 머릿속에 저장되어있는 거로 생각되었기에 학습한 후로 보지 않고 책장에 넣어두었다.
 3개월이 지난 후 다시 책을 잡고 쭉 살펴보니 거의 전에 외운 구문들이 생각나지 않았다.

 생활 영어는 단시간에 학습되는 것이 아니고 시간 날 때마다 조금씩 학습하는 과목이라는 것을 알았 다. 수학도 같은 경우이다. 문제를 한 번 풀어보았다고 해서 그 문제를 시간이 지나면 풀 수 없다는 사 실을 알게 되었다. 수학이나 영어 회화 과목은 분습법을 반복해서 꾸준히 풀어보고, 반복 학습을 통해 자신 것으로 만들 수 있는 능력을 확장 시켜 나갈 수 있어야 한다.

#10 백지학습법

백지에 배운 과목명을 쓴 뒤 그날 배운 내용을 생각나는 대로 다 적는다 다 적지 못한 내용은 배운 교재를 보고 채워 넣는다. 쓰는 것, 자체가 복습이 되는데 학습한 내용을 내 머릿속에서 끄집어내기 때문이다.

우리가 시험을 볼 때도 이렇게 머릿속에 있는 내용을 꺼낼 수 있어야 하는데 이 과정에서 내가 알고 있는 것과, 모르는 것을 확실하게 구분할 수 있다는 것이다. 백지학습법은 적은 내용을 남에게 말로 설명하여 완전히 내 것으로, 만드는 복습의 다 적지 못하는 내용은 교재를 보고 채워 넣는다.

내가 모르는 것을 파악할 수 있는 메타인지 남에게 말로 설명하여 완전히 자신 것으로 만든다.

복습의 습관화를 만들어야 한다.

자기소개서 사례1.

저는 말하는 공부법으로 공부했습니다. 저는 매일 하루 수업을 마친 후 집에 와서 스스로에게 오늘 학교에서 배운 내용을 설명했고, 이 과정을 통해 내가 모르는 부분과 잘하는 부분이 어디인지 더 명확하게 알 수 있었으며 정확한 개념이 머릿속에 새겨진 덕에 학습에 필요한 개념들을 더 오랫동안 기억할 수 있었습니다. 이렇게 하고도 취약한 부분이 있을 때 에는 백지 노트를 썼습니다.

백지에 내가 알아야 할 개념들을 책을 보지 않고 적어 내려가면서 이것을 깨우칠 때까지 반복적으로 쓰는 것입니다. 단순한 방법이지만, 깨우칠 때까지 그만큼 끈기와 인내가 필요한 방식이었습니다. 저의 고군분투가 담겨있는 나만의 백지노트는 시험장에 들어가기 전에 필요한 부분들만 골라서 머릿속에 정리하는데, 커다란 도움을 주었습니다. 개념이 확실한 상태로 바라보는 문제들은 개념을 알기 전 봐왔던 문제들과는 다른 문제 같았고, 이런 공부법으로 공부하며 더 많은 것을 익히고, 배우며 더 넓은 시야를 갖게 된 것 같습니다.

실생활에 제가 배운 것을 적용하는 능력도 상당히 높아졌습니다. 특히, 제가 좋아하는 과목인 생명과학은 백지노트 뿐 아니라 개념노트, 문제 풀이 노트까지 따로 만들어 틈날 때마다 보며 공부했는데, 공부하면 공부할수록 더 많은 것이 보이고, 실생활 속에서 자연스럽게 응용해 나갈 수 있어 너무 재미있었습니다.

#11 구조화 학습법

부분이나 요소를 통해 어떤 전체를 파악할 수 있는 것이 구조화이다. 하위개념을 상위개념으로 묶거나, 상위개념을 하위개념으로 나누는 것을 말한다. 주어진 정보들의 상위와 하위 관계를 파악하고, 분류하는 습관이 되어있을수록 기억하는 양도 많아지고, 무엇이 중요한지 핵심을 추려낼 수 있다. 다음 예를 통해 살펴보자.

[예시]
연산하기, 달리기, 줄넘기, 책 읽기, 문장 완성하기, 바이올린 연주, 삼각형 그리기, 방정식 풀기, 축구, 노래 부르기, 원의 넓이 구하기, 비 문학, 음악 감상, 악보 그리기

단어들의 연관성을 찾아 상위개념을 만들어보자
수학: 연산하기, 방정식 풀기, 삼각형 그리기, 원의 넓이 구하기
운동: 달리기, 줄넘기, 축구
국어: 책 읽기, 분장 완성하기, 비 문학
음악: 노래하기, 음악 감상, 바이올린 연주

주어진 정보들의 의미와 관계를 파악하고, 분류하는 습관이 되어있을수록 기억하는 양도 많아진다. 학교 수업에서 배운 내용, 교과서에서 읽은 내용 들을 잘 기억하고 그중 핵심이 무엇인지 파악하는 것이 구조화 학습법이다.
구조화에서 상위개념은 이 글에서 중요한 것이 무엇인지?, 어떤 이야기를 하고 있는지를 아는 데 도움이 된다. 그래서 글 전체를 기억하지 않아도 핵심어와 설명에만 떠오르면 어떤 내용인지를 알 수 있다. 핵심어는 글 전체를 대표하거나 글에서 설명하고자 하는 대상을 가리키는 어휘, 또는 하위개념들을 포함하는 주제어를 말해준다.

■■ 학습 내용의 **구조화**를 통해, 단편적 개념뿐만 아니라 **전체 흐름까지** 정리하여 안내합니다.
나무만이 아닌 숲을! 즉, 부분이 아닌 전체를 바라볼 수 있도록 개별적으로 학습한 내용을 한번에 정리하여 이해하기 쉽게 안내합니다.

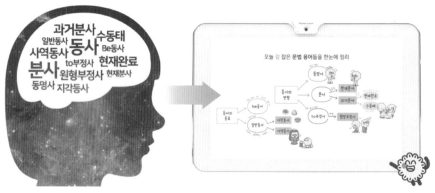

출처 : https://www.schooling.co.kr)

#12 도해 사고력

도해 사고력이란 지식과 정보를 효과적으로 기억하고, 이해하며, 전달하기 위해 이미지와 도표 등 시각적인 언어로 나타내는 것을 말한다. 특히 마인드맵의 도해(정보 낙서, 그림문자)는 문자만으로 파악하기 어려운 정보 구조를 심층적으로 파악하여 사고를 돕는 도구이다. 자신이 들은 내용을 키워드나 주요 문장 중심으로 단순히 기록하는 데 그치지 않고 핵심어와 설명 어와 분류기준 간의 구조와 관계를 이해하여 도해로 나타내면 복잡한 글도 쉽게 이해할 수 있다.

도해로 나타내기

말로 설명하지 않고, 답답한 당신을 도해로 표현하여 시각적인 언어로 표현한 도해

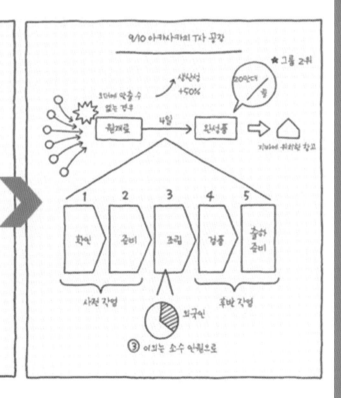

#13 마인드맵

마인드맵은 사고력, 창의력, 및 기억력을 높이기 위해 그림과 글을 이용하여 생각을 시각적으로 표현하는 것을 의미한다. 백지 위에 키워드 혹은 중심 이미지로 주제를 적고, 가지를 뻗어 가며 핵심어, 이미지, 색상, 기호 등을 사용해 두뇌를 활성화한다.

마인드맵을 사용하기 위해서 종이와 3가지 이상의 형광 펜을 준비한다. 종이는 A4~B4 정도가 좋다. 우선, 종이 한가운데 주제를 쓴다. 주제를 중심으로 시작하는 마인드맵은 발산 사고로 인해 사고가 확장되어 진다. 가지는 계속해서 쳐 나가면서, 가지들에 달린 생각들은 최대한 간결하게, 문장보다는 단어(구)를 써 보기 좋게 만든다. 중심 주제에서 멀어질수록, 가지는 점점 더 얇아진다. 가지 위에 있는 생각을 강조하기 위해 형광 펜으로 강조 효과를 만들면 시각적으로 훨씬 다가온다. 마인드맵은 시험 공부나 글을 쓰고자 할 때 효과적이다.

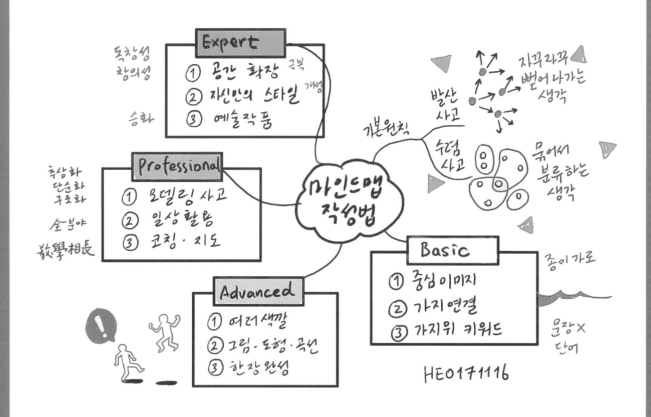

출처 https://brunch.co.kr/@knpoet/23

#14 비주얼 씽킹

비주얼 씽킹이란? (What is visual Thinking?)

 글과 그림을 함께 이용해 정보나 생각을 표현하고 기록하는 것을 말한다. 그림을 활용해서 생각을 정리하고 표현할 수 있어서 오래 기억에 남는다. 그리고 누가 보아도 전체적인 내용 쉽게 이해할 수 있다. 그림은 모호함이 없다. 도형, 화살표, 키워드 등 최소한의 표현 양식만을 사용하기 때문에 복잡한 내용의 모호함이 사라지고 의도하는 내용을 쉽게 알 수 있다. 수입한 내용을 그림으로 사수 그려보고, 그림을 통해 학습한 내용을 기억하는 습관을 들여보자.

 아래 그림을 통해 누구나 화장실 남녀 구분을 나타내 준다고 이해할 수 있다.

#15 코넬식 노트법

노트를 정리할 때 구분을 지으면 이해와 학습에 도움이 된다. 관련 개념을 함께 묶어 정리하면 기억들이 서로 연결되어 더 오래 기억에 남는다. 공부한 내용을 노트에 정리할 때는 개념을 요약하여 정리하는 습관을 갖는다.

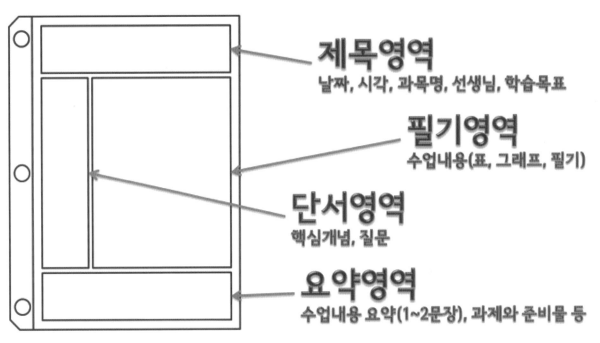

제목영역
날짜, 시각, 과목명, 선생님, 학습목표

필기영역
수업내용(표, 그래프, 필기)

단서영역
핵심개념, 질문

요약영역
수업내용 요약(1~2문장), 과제와 준비물 등

출처 https://school.amsenvice.net/articles/view/17916064

#15 코넬식 노트법

사례1.

키워드 영역	월 일 책 제목 : 어린 왕자
보아 뱀 비행조정사 소년 (양,바오밥,장 미)	비행사가 어린 시절 꿈은 화가였는데 어느 날, 코끼리를 삼킨 보아 뱀을 그려 어른들에게 보여주며 물었어요. 정말 무섭죠?" 그러나 어른들은 보아 뱀을 보고서, "모자가 뭐가 무섭지?" 라고 말했어요. 그는 커서 비행사가 됐고, 비행기가 고장 나 사막에 불시착하게 되죠.
여섯 개의 별	이후로 어린 왕자는 지구에 이르기까지 여섯 개의 별을 거쳤답니다. 마침내 당도한 지구에서 어린 왕자는 뱀과 무수한 장미꽃을 만났고, 외로움 까지 느끼게 되었어요.
외로움	상심해 있던 차에 왕자는 여우를 만나게 되었어요.
여우	외로움 끝에 만나게 된 여우에게 친구가 되자고 말하지만, 여우는 아직 "서로에게 길들여지지 않았기에" 같이 놀 수 없다고 말했어요. 여우는 어린 왕자에게 아무 때나 오지 말고 오후 4시에 오겠다고 말해요. 그러면 오후3시부터 너를 맞이하기 위해 행복해진다고 말해요.
길들여지는 것 오후 4시	여우에게 귀한 가르침을 얻고 마침내 비행사를 만나게 된 것이었어요. 사막이 아름다운 이유는 어딘가에 오아시스를 감추고 있기 때문이다.
사막	어린 왕자는 내일이 꼭 여행한 지 1년째 되는 날인데, 자신에게 소중한 장미에게 돌아갈 것이라고 말했어요. 다음 날, 비행사는 어린 왕자를 찾았는데 뱀이 어린 왕자를 물어버리고 뱀은 사라지고 점점 힘을 잃어가는 어린 왕자만 있었어요.
뱀	슬퍼하는 비행사에게 어린 왕자는 선물을 주겠다고 했어요. 수많은 별 중 어딘가에 있을 나를 떠올리며, 밤하늘을 바라보며 빙긋 웃게 될 것이라고 말합니다.
선물	비행사는 어린 왕자가 죽었다는 것에 너무나 슬퍼했지만, 어린 왕자가 자신의 별로 돌아갔다는 것을 깨닫고 밤하늘의 별을 보며 빙그레 웃지요..
밤하늘의 별	

요약: 보아 뱀의 그림은 왜 모자로 보이는지 어른들과의 생각의 차이를 보여주고 사막에 불시착한 비행사에게 양 한 마리만 그려 달라고 하면서 자기 별에 두고 온 장미꽃을 생각한다. 여우와의 만남을 통해 서로 길들여지는 과정을 볼 수 있다. 사막에서 소중한 하루 비행사와 어린 왕자가 서로 떠나야 하는 시간을 그리고 있다.

#16 에빙하우스 망각곡선

독일의 심리학자 헤르만 에빙하우스 기억 실험은 반복의 중요성을 널리 알린 연구다. 에빙하우스는 피실험자들에게 뜻이 없는 철자를 암기하도록 한 뒤, 기억에서 사라지는 시간을 측정했다. 실험결과, 암기 후 20분 지나면 58%, 1시간이 지나면 44%, 하루가 지나면 33%, 한 달이 지나면 21%만이 기억에 남았다.

 에빙하우스는 이러한 망각을 최소화하기 위해 재 학습의 필요성을 강조했다. 망각이 발생하는 시간대에 다시 반복적으로 학습함으로써 오랫동안 기억을 지속할 수 있다는 것이다. 여기에는 반드시 이해가 뒷받침되어야 한다는 것이 전제되어야 한다. 이해력 없이 반복의 횟수에만 집착하면 공부 내용을 머리에 담지 않고 생각 없이 눈으로만 훑어보는 비효율적인 공부로 이어질 여지가 있다. 반복의 횟수가 중요한 것이 아니라 반복하는 방법이 중요한 것이다. 어떤 내용을 학습할 때 대강 이해하고 넘어가는 것이 아니라 완벽히 이해하는 것을 의미한다.

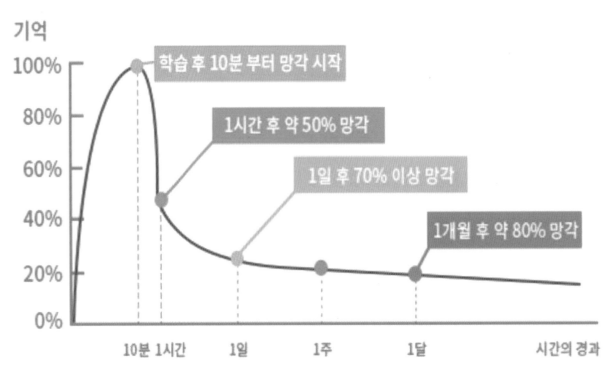

#17 암기력 학습법

사람에게는 망각 곡선이 있어서, 열심히 배운 내용도 시간이 지나가면 기억이 나지 낳는다.
어떻게 하면 단기 기억을 장기기억으로 머릿속에 저장할 수 있을까? 라는 물음이 항상 제기되어왔다.
암기할 때는 오른손 주먹을 쥐고, 문제를 풀 때는 왼손 주먹을 쥐는 것이 학습에 효과적이다. 학습에서는 기억력보다 감정조절 능력이 더 큰 역할을 할 때가 많다고 한다.
소중한 기억일수록, 강렬한 감정적 자극이 있는 기억일수록 쉽게 잊지 못하는 것이다.

학생들이 불안하고 초조한 상태에서 아무리 공부를 많이 해도 그것은 장기적으로 기억이 오래가지 않는다. 하지만 재미있는 만화나 드라마는 외우겠다는 각오로 열심히 본 것이 아닌데도 오랜 기억으로 남는다. 왜 그럴까? 재미있기 때문이다. 우리는 불안하고 초조한 상태에서 드라마나 만화를 보지 않는다. 우리는 긴장을 풀고 재미있게 학습해야 하는 이유이다.

기억력 향상을 가져오는 것으로 시험 효과, 인출 효과, 분산 효과, 교차 효과, 백색 효과가 있다.
시험 효과는 중간, 기말고사를 준비할 때 시험과목 내용을 확인했으면 학교 기출문제를 푸는 것이 기억력을 높여 줄 수 있다. 시험을 1회 푸는 것보다 3~4회 푸는 것이 더 기억력이 좋다.
시험문제를 풀다 보면 이렇게 문제가 출제될 수 있다는 사실을 이해할 수 있다.
기출문제를 자주 풀어보는 것이 기억 효율을 14%나 높아진다는 연구 결과가 있다.

인 출 효과는 자신의 머릿속에 있는 정보를 글로 쓰고, 말로 표현해봄으로써 기억력향상을 증가시킬 수 있다. 공부만 계속해서 하는 학생과 공부를 한 후 시험(자기 테스트)를 한 학생을 30분 후에 평가를 해보았다. 공부를 계속한 학생은 55점을 받았다. 공부를 끝난 후, 자기테스트를 한 학생은 49점이었다.
일주 후 공부를 계속한 학생은 39점으로 급격히 떨어졌다. 자기테스트를 한 학생은 46점으로 떨어지는 폭이 상대적으로 적었다. 기억 꺼내기 방법(인출)효과는 배운 걸 기억에서 꺼내는 노력을 많이 할수록 장기기억으로 더 잘 활성화된다는 것이다. 배운 내용을 자신이 직접 기억에서 꺼내는 것이 훨씬 효과적이라는 실험결과이다.

내일이 시험이라면 점수를 잘 받는 가장 효과적 방법은 오늘 교재를 반복해서 읽는 것이다.
기억을 꺼내려고 시도해서 기억하고자 하는 내용을 알면 나중에 기억하는데 실질적으로 많은 도움이 된다. 인출 효과는 기억한 내용을 나중에 다시 꺼내려면 여러 가지 지식 들 사이에 연결을 더욱 단단하게 만들어준다. 장기기억에 뭔가 많은 경험과 지식이 축적되어있기 때문에 시간도 짧게, 효율적으로 기억할 수 있고, 한 문장만 읽어도 많은 생각이 떠오른다.
시험을 치루는 것도, 인출을 통해 학습의 효과를 높이기 위해서다.

#17 암기력 학습법

분산 효과는 꼼꼼하게 한 번 공부해서 하루 동안 4시간에 걸쳐 영어단어 100개를 외우는 학생보다는 빠르게 여러 번 반복해서 4일간 하루에 1시간씩 영어단어 100개를 외우는 학생이 훨씬 더 효율적이다. 예를 들어 영어단어를 기억할 경우 50개의 단어를 1시간에 걸쳐 천천히 기억하는 것보다 100개의 단어를 대충 훑어보는 것이 훨씬 효과적이다.

 100 단어를 외웠다면 다음에 다른 단어를 암기할 때 앞서 외운 100 단어 중 모르는 단어를 살펴 외우고, 이어서 다른 단어 100개를 외워가는 것이다. 처음에는 시간이 많이 소요되지만, 시간이 지나갈수록 반복 학습효과를 볼 수 있다. 즉, 공부 간격을 짧게 자주, 많이 하면 된다. 분산 학습이 더 좋은 이유는 기억 꺼내기를 더 반복적으로 만들기 때문이다.

교차 효과는 한 과목을 집중해서 공부하는 것보다 교차해서 공부한다. (영어 50분, 수학 50분) 우리가 학교에서 1교시 50분은 영어 수업을 하고, 2교시는 국어 수업을 교차적으로 한다. 과목을 집중할 때 한 과목만 집중해서 공부하는 것보다, 교차로 공부하는 것이, 효율적이다. 만약 영어 과목이 싫은데 영어 과목만 하루 내내 공부하면, 오히려 영어 과목에 대해 거부감을 가질 수 있다. 학생들이 방학을 맞아 일일 계획을 짜는 걸 보면 오전에 국어, 점심 후 수학, 저녁에는 영어를 교차적으로 짜는 것을 다들 경험했을 것이다. 우리는 무의식적으로 교차 수업을 하는 것이다.

#17 암기력 학습법

백색 효과는 공부할 때 자연 소리를 듣거나 음악을 들으면서 공부할 때 기억력이 향상된다는 연구 결과가 있다. 시끄러운 카페나 지하철, 광장 등 공공장소에서 많은 소음이 있어도 나와 상대방이 서로 이야기하고 있다면 집중을 통해 잘 알아듣는다. 시끄러운 카페에서 학생들이 공부하고 있는 모습을 볼 수 있는데, 이것도 자신이 하는 학습에 집중할 수 있기 때문이다. 이런 현상을 애커시라고 한다.

수업시간에 선생님께서 설명한 내용이 머릿속에 콕콕 들어왔다면 수업내용을 상상하는 것 자체만으로도 킹기억으로 남는다. 이런 내용을 코넬식 노트 한 장으로 단권화 하여 정리해두는 습관을 형성하자. 학습하는 과정 중에서 기억이 잘 나지 않은 내용은 다시 정리하여 반복 학습을 할 수 있다.

머릿속에만 읽던 것을 큰 목소리로 소리 내어 읽어본다던 지 글로 써서 요약해 보면 기억이 훨씬 오래 가는 것을 경험할 수 있다.

핵심 주제와 중요 사항들을 요약하고 나중에 관련 지식을 셀프테스트 해 볼 수 있게 질문 형식으로 정리하는 것도 기억력을 증진 시킬 수 있다. 그리고 학습할 목차를 훑어보고, 큰 그림을 그리면서 학습할 세부적인 내용을 살펴보면 공부할 내용을 어느 정도 파악할 수 있다. 메모는 내용 전체를 자주 확인할 수 있어서, 복습할 수 있고, 기억력 강화에도 도움이 된다.

내용을 요약하기 위해서는 먼저 이해해야 한다. 이해할 부분을 맥락으로 이미지화 하여 연결하라. 가령 수업시간에 선생님께서 동학혁명을 설명하면서 기침을 하셨다면 기침한 장면을 생각하면서 설명한 내용을 머릿속에 저장해두는 것이다. 그러면 선생님께서 기침하는 모습만 떠오르면, 그 단어에서 연상되는 동학혁명에 대한 이미지를 생각해내는 것이다. 기억하고 싶은 대상을 이미지를 통해 떠오르게 하는 것이다.

이미지를 기억하는 것으로 시각화가 있다. 이것을 두음이라고 하는데 어떤 단어의 첫 번째 문자를 가져오는 것이다.

You Deserve To Be A Doctor. (당신은 의사가 될 자격이 있다.) YDTBAD 이런 방법으로 시각화하여 이용하여 암기하면 효율적인 장기기억이 된다.

또한, 기억력을 증진 시키는 방법으로 자신만의 공간 짓기로 숫자를 정해 기억하면 효율적이다. 단어 5개를 외웠다. authority (권위), envelop (봉투), melancholy (우울), admiral (해군제독), surface (표면). 이 단어를 가지고 자신의 방에 구조를 가지고 공간 짓기를 해보자.

메타인지이론은 강의하듯 중얼거리면 암기 효과가 두 배가 된다. 누군가에게 설명한다는 생각으로 표현하는 것이다. 메타인지이론은 기억력이 증가되고, 자신의 학습 능력을 알 수 있다. 또한 경험을 통해 지식을 축적할 수 있다. 메타인지는 즉, 모르는 것을 아는 것이다.

00고등학교 학생H군은 수업시간에 선생님 설명을 잘 듣고 쉬는 시간에 수업시간에 배웠던, 내용을 노트에 적어본다. 필기 과정에서 생각나지 않는 부분은 다시 교재를 보고 부족한 부분을 채워 넣는다. 이렇게 정리한 내용을 가지고 집에 와서 준비된 칠판에 배운 내용을 써가면서 소리 내어 자신에게 설명해본다. 설명이 매끄럽지 못한 부분은 다시 교재를 통해 확인한다. 말로 설명하기를 통해 H군은 메타인지를 활용하여 좋은 점수를 받을 수 있었다.

메타인지에는 두 가지가 있다. 자기 평가가 있고, 자기 조절이 있다. 자기 평가는 내가 아는 건지 모르는 건지 생각하는 것이다. 어떤 학생은 자기평가를 잘하지만, 공부를 잘못하는 경우가, 있는데 이것은 자기조절을 못 하는 거다. 학교나 학원에서 배웠다고 모든 내용을 다 알고 있다고 착각하는 것이다. 메타인지는 두 가지가 있다. 셀프테스트를 통해 자기조절을 해볼 수 있다. 배운 내용을 가지고 스스로 문제를 내보고, 풀어봄으로써 자신이 부족한 게 무엇인지를 알 수 있게 된다. 선생님 놀이는 내가 다른 사람을 가르치는, 입장이 되어 학습한 내용을 차근차근 말로 표현해 봄으로써 아는 것과 모르는 것을 구별하는 것이다.

메타인지는 자신 생각을 객관적으로 볼 수 있는 능력을 의미한다. 즉, 내가 무엇을 알고 무엇을 모르는지, 내가 하는 행동 결과를 예측하고 평가할 수 있는 능력이라고 할 수 있다.

#19 PBL 학습법

프로젝트 학습(Project-Based Learning)'이나 '문제기반학습(Problem-Based Learning)'이라고 한다. PBL은 문제해결학습의 일종으로, 프로젝트를 기반으로 한 교수학습방법이다. PBL은 학생들에게 같은 시간에 같은 내용을 해결하는 것을 기초로 하기 때문에, 학생들이 배우고 익히는 것에 대한 학생 개개인의 다양성을 존중하고자 한다.

PBL에서는 과제가 주어질 때 학생들은 스스로 과제 해결을 위한 계획을 세워야 한다. 그리고 이 문제를 해결하기 위한 목표를 수립하게 되고, 문제를 해결하기 위한 가설과 해결안을 세워본다. 또한, 학생들은 이미 알고 있는 사실이 무엇인지 확인하며 이를 통해 더 알아야 할 사항이 무엇인지 찾아내게 된다.

학생들은 이와 같은 과정에서 자연스럽게 친구들과 팀 안에서 협력하는 것에 대해 배우게 되며, 팀에서의 과제를 수행하기 위한 계획을 세워가면서 학습의 방법과 절차에 대해서도 익히게 된다. 또한, 수업에서 도달하고자 하는 목표와 수행 과정을 스스로 찾아가는 과정을 경험함으로 학생들에게는 이런 과정이 모두 자기 주도적 학습과 깊은 연관을 맺을 수 있다.   교사는 이에 대해 과제 관련 학습 자료를 함께 제시하며 학생들의 토론과 토의 과정을 통해 학습자의 내적 성찰 및 학습 공동체적 성찰을 함께 고민하도록 한다.

#19 PBL 학습법

사례1.

<문제 제시>

경제수업시간에 수입과 이윤을 가르치려고 한다. PBL을 통해 학생들은 선생님께 필요한 개념을 배우고 지역의 전통시장을 방문하고 상품들의 판매가격이 왜 다른지에 대해 조사하고, 판매가격에 영향을 미치는 요인들에 대해 생각한다.

<해결방안 탐색>

만약 학생들이 음식을 만들어 학교에서 판매할 수 있다면 어떻게 해야 이윤을 남길 수 있을까? PBL을 통해 찾은 답 중 하나가 "질문 하기" 이다. 질문을 하기 위해 생각하게 되고, 질문에 답하기 위해 생각하게 되고, 그 답에 대해 다시 생각하게 되는 질문 만들기가 PBL 수업에서 탐색 되는 것이다.

<문제해결>

학생들은 이 질문에 답하기 위해 알아야 할 정보가 무엇인지 함께 고민한다. 이윤이란 무엇인가? 어떤 시간에 음식을 파는 것이 가장 좋을까? 학생들은 어떤 메뉴를 좋아할까? 음식을 잘 팔기 위해 홍보를 어떻게 할까? 이렇게 하는 연속적인 질문은 더 좋은 질문과 생각을 만들어 낸다.

학생들은 이 질문에 답하기 위해 자신들이 할 수 있는 역할과 그 상황에 가장 효과적인 방식이 무엇인지에 대해 현장조사, 인터넷 조사, 설문 조사 등을 통해 정보를 수집한다. 수집한 정보를 가지고 학생들은 그룹을 지어 토론 학습, 탐구학습 등 의견을 나누고 효율적인 방법을 찾아 해결해가는 과정이 중요하다. 준비가 끝났으면 푸드코트를 운영한다.

이 과정에서 학생들은 구매하려는 학생 수가 많은 것을 보고 기존의 결정한 판매가격을 상향 조정해서 많은 이윤을 남길 수 있다. 비록 학생들이 수요와 공급 개념에 대해 알지 못할지라도 초과수요 상태에서 공급자들이 하는 행동을 직접 체험해 봄으로써 배우는 것이다.

<발표 및 평가>

푸드코트를 경험해 보고 성공한 학생들에게 질문을 준다. 만약 다른 반 학생들이 푸드코트를 준비 중이라면 이들을 돕기 위해서 어떤 발표를 하는지에 대해 학생들은 새로운 질문에 답하기 위해 가장 명확하고 효율적으로 답을 찾는다. 이 과정에서 학생들은 문제해결능력과 의사소통능력을 키울 수 있다. 프로젝트 기반 학습은 학생들에게 사고와 질문의 자유를 주고 스스로 지식을 습득하고 변화하는 미래의 다양한 상황에 대처할 수 있는 능력을 키울 수 있는 교육 방법이다.

#20 영어 학습법

영어는 여러 번 반복 학습을 해야 한다. 독해는 문법을 많이 안다고 해서 영어지문을 매끄럽게 해석한다는 것을 의미하는 것은 아니다. 학생들은 독해가 잘되지 않은 이유로 알고 있는 단어와 문법이 부족하기 때문이라고 생각한다. 그래서 학생들은 무조건 단어를 외우고, 모르는 단어가 나올 때마다 사전을 찾아보고 단어장에 적어놓는다. 학생들은 계획을 세워 매일 단어를 예문과 함께 외우기도 한다. 그러나 단어를 많이 암기한다고 영어가 해결되는 것은 아니다. 영어 단어는 원래의 뜻에 내포된 의미를 주어진 문맥에 맞게 확장할 수 있어야 문장을 올바르게 해석할 수 있는 것이다.

 다음의 예를 살펴보자. 단어 work는 원래의 뜻이 "일하다" 이다. 예문을 들어보겠다. 1) The teacher works well. 이 문장을 보면 앞에 주어로 나와 있는 The teacher에 관련해서 work는 원래의 의미 "일하다" 가 내포된 "가르치다" 의미가 된다. 그래서 "선생님은 잘 가르친다. 로 해석된다. 2) The glasses works well. 이 문장도 단어 works는 The glasses와 연관되어 works는 보인다. 의 의미가 된다. 안경은 잘 보인다. 라고 해석된다.

 문법도 완벽히 배웠다고 해서 독해 문제가 잘 해결되는 것이 아니다. 문법을 배웠으면 이 문법을 통해 독해 지문에서 문법이 눈에 들어와야 한다. 그러나 다수학생들은 문법을 통해 독해와 영작문을 제대로 활용하지 못한다.

 다음 예문을 살펴보자. English study is to achieve dreams. (영어를 공부하는 것은 꿈을 성취하는 것이다,) is (be 동사) 뒤에는 형용사가 나와야 한다. 그러나 achieve는 동사이므로 앞에 to를 넣어 to achieve가 is의 형용사 역할을 한다. 다시 말해서 동사에 to가 와서 to+동사 원형이 보어 역할을 하고 있다. 이렇게 문법을 배웠다면 문장을 보고 문법이 이해가 되어야 한다.
 문법을 어느 정도 배제하고 쉽게 독해를 할 방법을 4가지를 예를 들어 설명하겠다. 첫째, Fast Reading(앞에서부터 끊어 읽기)이 있다. 이 방법은 문장을 앞부분부터 빨리 읽어 내려가는 것을 말한다. 이 Fast Reading을 통해 문장을 빨리 읽을 수 있다. 가령 이런 식이다. 영어를 공부하는 것은(English study) / 성취하는 것이다. (is to achieve) / 꿈을(dreams)// 둘째, 5W1H (육하원칙)을 들어 해석하는 방법이 있는데 익숙해지면 영작하기가 훨씬 수월해진다. 셋째, 주 요소만 가지고 해석하는 방법이 있다. 영어 문장을 이루고 있는 주 요소에는 주어, 동사, 목적어, 보어가 있다. 전명구, 부사구, 형용사구(절) 등은 주 요소를 보충 설명해주는 역할을 해주기 때문에 주요소만으로도 문장의 의미를 파악할 수 있습니다. 넷째, 문장에서 핵심 키워드(key word)를 찾아 단어를 구조화시키면 문장의 내용을 쉽게 파악할 수 있다.

키워드 영역	4 월 6 일	직독직해와 육하원칙 독해

핵심 키워드 Tom, John road, wallet a man, ran up my wallet thief, policeman **[어휘]** wallet 지갑 thief 도둑	Tom and John / went / for a walk. // On the road / they saw/ a wallet.// There was / a lot of money / in it. // Tom / picked it up.//　"I have / a wallet / full of money," / he said / and put it/ in his pocket.// "Don't say / "I" , / say / "we" , / said John. //　"It is / our wallet, / not yours." //　"No," / said Tom. //　"I / saw it / first. // It is / my wallet." //　Then / a man / ran up / tp them. //　"That is / my wallet," / he said.　"I /saw you.// You are / a thief. // I"ll/ get a policeman, "//　" What/ shall we do "?/ said Tom / to John. // " Don't say / " we, '/ say "I" , / said John. //　"Ypuu/ picked up/ the wallet, / not I."
육하원칙	**[직독해석]** 탐과 존은/ 갔다/ 산책을 하려고 길 위에서 / 그들은 보았다 / 한 지갑을/ 있었다./ 많은 돈이 / 그 안에 / 탐은 / 그것을 집어 들었다// 나는 가진다. / 지갑을 / 돈이 가득한 / 그는 말했다.// 그리고 / 그것을 넣었다. 그의 주머니 속에 / 말하지 마라 / 나라고/ 말하라 / 우리라고 / 존이 말했다// 그 것은 / 우리의 지갑이야 / 너의 것이 아니야 아냐/ 탐이 말했다// 내가 / 그것을 보았다. 처음에 / 그것은 / 나의 지갑이야 / 그 때 / 한 남자가 / 뛰어왔다/ 그들에게로 // 그것은 / 나의 지갑이다/ 그는 말했다// 나는 / 당신을 보았다/ 당신은 / 도둑이다// 나는 / 경찰관을 데려 오겠다// 무엇을 / 우리는 해야 하는가?/ 탐이 말했다/ 존에게// 말하지 마라/ 우리라고 / 나라고 말해라 / 존이 말했다 // 네가 / 주었다 / 그 지갑을 / 나는 아니다//

[요약]
육하원칙　누가? 탐과 존　　언제:산책할 째　　어디서:길에서
무엇을:지갑을 주었다　　**어떻게**:존이 자기 거라고 주장했다.
왜:경찰을 부른다고 하니 탐이 네가 지갑을 주었다고 했다. 존은 자기는 아니라고 했다.

[결론] 핵심 키워드 Tom, John, road, wallet, a man, ran up, my wallet, thief, policeman 단어 정도만 살펴보아도 대략 지문의 내용을 이해할 수 있다. 또한, **육하원칙을 이용하여 해석과 영작**을 쉽게 할 수 있어서 자주 해보는 습관화가 필요하다.

#22 구조화 독해

키워드 영역	5 월 15 일 구조화 독해

	So She Cried (의사 맞아)
So She Cried	It had been a simple operation, / but Jane was not recovering. // After a few days, / the doctor discovered that he had left a / sponge inside Jane "s body. //To take the sponge out / another operation was necessary. //The operation went well, / but still Jane did not recover. // An X-ray showed / that a pair of scissors / had been left inside / this time !! X-ray So another operation. // Jane was a bit weak / after three operation, but she was beginning to feel better. Then one day she heard / the doctor ask the nurse, / "Now where did I leave my hat?" Jane immediately / started to cry. // **[해석]** 간단한 수술이었는데 / 제인은 회복되지 않았다// 며칠 뒤 / 의사는 발견하였다/ 자신이 남겨 놓았다 / 스펀지를 / 제인의 몸 안에// 스펀지를 빼내려면 또 다른 수술이 / 필요했다. // 수술은 / 성공적이었다 / 그러나 제인은 회복되지 않았다.// X-ray를 보니 / 가위 하나가 / 남아 있었다 / 이번에는 // 그래서 또 다른 수술을 했다// 제인은 약해져 있었다. / 세 번씩이나 수술을 받고 난 후/ 그러나 좋아지고 있다고 느꼈다 // 그러던 어느 날 / 그녀는 들었다. / 의사가 간호사에게 하는 말 / 그런데, 내가 모자를 어디에 두었더라? / 제인은 곧 울기 시작했다. // **[구조화]** doctor(의사), recover(회복하다), scissors(가위), discover (발견하다), sponge (스펀지), operation (수술), nurse(간호사), X-ray, (엑스레이), body (몸), inside (안에), left (남겨진), weak(약해진), cry(울다), **[유추]** 구조화를 통해 이 단어만 보면 의사가 수술했는데 제인 몸에 문제가 있다는 내용을 유추해볼 수 있다.
구조화란? 전체 내용 중 부분이나 요소만을 가지고 내용 전체를 유추해볼 수 있는 것을 말한다.	

요약: 구조화를 시켜 문장에서 핵심어를 찾으면 지문 내용을 유추할 수 있다.

#잠깐 쉬어가기

공부하기에 슬럼프가 왔을 때, 자신의 미래 꿈을 구체적으로 상상해보자. 여기 한 학생의 사례가 있다. 이 학생은 자신이 하는 공부가 힘들 때, 자신이 가고 싶은 대학을 찾아가곤 했다. 도서관 근처에 가서 대학생들이 공부하는 모습을 보고, 삼삼오오 모여 다니는 학생들을 보며 1년 후 자신의 모습을 상상하곤 했다. 이 생각 자체만으로도 자신의 미래 모습이 행복하게 보이자 최선을 다해 공부해서 목표 대학에 입학할 수 있었다. 부모님들께서 원인과 결과를 바꾸어서 자녀들을 바라보았으면 좋겠다. 자녀가 성적이 오르면 믿어주는 것이 아니라 자녀를 믿어주니까 자녀 성적이 오른다는 사실을 알았으면 좋겠다.

What do you say to taking a cup of coffee?

#23 국어 학습법

국어에서 좋은 점수를 받기 위해서 기출문제를 먼저 보는 것이 핵심이다. 기출문제를 보고 나서 이런 문제들이 시험에 나오는구나!"라고 이해해야 한다. 그러기 위해서는 교과서 지문을 여러 번 읽어보는 것이 좋다. 각 문단의 주제가 무엇인지 생각해보며 읽거나, 핵심 어휘나 연결사를 체크 하면서 읽거나, 주제와 그것을 뒷받침하는 근거를 찾아가면서 읽는 것이다.

문제의 유형을 파악하며 문제집을 풀어보는 것이 좋다. 국어 공부에서는 특정 지식보다는 "문제의 유형"이 더 중요하다. 예를 들어 어떤 "비 문학" 에서 주제문을 묻는 문제가 나왔다고 하자. 그렇다면 실제 시험에서는 짧은 시간 내에 어떻게 문제를 푸는지에 대해 정확한 판단력과 신속한 결단력을 길러야 한다.

글을 읽으면서 가장 먼저 생각할 일은, 글쓴이가 말하고자 하는 "핵심"을 찾는 것이다. 글쓴이가 글을 쓴 동기, 말하고 싶어 하는 핵심적인 내용을, 글을 읽으면서 쉬운 표현으로 정리하며 읽어야 한다.

문제 풀이는 지문을 이해하고 난 후 반드시 풀어 보아야 한다. 시험을 보기 전에 먼저 문제를 풀어보면 내가 모르는 것을 다시 한 번 점검할 수 있다.

예문1.

본래 사람은 일하도록 만들어졌다. 우리의 몸은 움직여 주어야 건강하고, 우리의 두뇌는 써주어야 민첩해진다. 태아(胎兒) 때부터 죽는 순간까지 조금도 쉬지 않고 계속해서 박동하는 심장도, 과로하지 않는 한, 우리 몸의 모든 기관과 두뇌는 사용하면 할수록 그만큼 더 튼튼해 지고 민첩 해진다고 할 수 있다.

우리는 모두 평생 어떤 종류의 일이든 해야 하고, 또 일함으로써 사람으로 역할을 감당해야 한다. 그런데 그 일들이 괴롭고 하기 싫다는 사실은, 우리 인간이 가진 심각한 문제 중의 하나이다. 일이 놀이처럼 즐거울 수 있다면, 인간의 삶과 문화는 지금의 것과는 전혀 다른 모습을 띄게 되었을지도 모른다.

그러나 모든 일이 다 가치 있는 것도 아니다. 불량 식품을 만들거나 화학무기를 생산하는 것도 일이긴 하지만, 이런 일은 결과적으로 일하는 사람 자신과 다른 사람들에게 해를 끼친다. 그리고 모든 일이 다 같은 가치를 가지고 있는 것도 아니다. 부자가 되기 위해 열심히 일하는 것도 필요하지만, 불쌍한 사람을 돕기 위한 일은 그보다 훨씬 더 큰 가치가 있다.

일하는 시간을 의미 있고 즐겁게 보낼 수 있는 사람이라야 뜻있고 행복한 인생을 살아가는 사람이라 할 수 있을 것이다. 우리가 의의가 있고 즐겁게 일할 때, 그 일은 능률적으로 될 것이요, 자신과 다른 사람들에게 많은 이익을 가져다 줄 것이다.

[분석] 이 문장은 4문단으로 이루어져 있다. 1문단은 일의 당위성, 2문단은 인간이 가진 문제점, 3문단은 일의 가치, 4문단은 가치 있는 일을 의미 있고 즐겁게 하자. 이다. 구성 방식은 미괄식이다. 주제는 가치 있는 일을 의미 있고 즐겁게 하자.

[해결] 주제 문을 묻는 문제는 두괄식과 미괄식에서 정답이 나온다. 미괄식을 통해 답을 빨리 찾을 수 있다.

국어 수능 시험에 나오는 어휘 문제는 10% 정도이다. 모르는 어휘는 앞뒤 지문을 통해서 관련성을 찾아보는 훈련으로 단어 뜻을 알 수 있다. 정 모르겠으면 네이버 검색 란에 모르는 단어를 입력하면 예문과 함께 자세한 설명이 나온다. 수능 비 문학은 글의 내용이나 구조, 주제가 명확한 문제가 출제된다. 그래서 출제되는 비 문학 문제는 깊이가 있는 글보다 압축적인 글이 많다. 비 문학 대부분은 설명, 비판, 의의, 비교, 장단점 소개 등과 같이 몇 개의 유형으로 한정되어 있다. 그래서 압축되는 글을 읽고 글의 유형을 파악하는 연습을 하다 보며 문제만 봐도 어떤 유형에 속하는 글인지를 쉽게 알 수 있다. 압축된 글로 서평을 읽으면 도움이 된다.

국어공부법 으로 첫째, 평소 시험에 출제되는 글과 유사한 글을 자주 읽고 분석한다. 둘째, 글을 읽으며 핵심 키워드를 골라낸다. 셋째, 내가 자주 틀린 부분을 유형별로 분석해서 정리한다. 넷째, 기초 역량을 키우면서 시험유형에 맞는 글을 읽고 독해하는 연습과 글의 구조를 파악한다. 비 문학 지문을 골라 먼저 문단별로 주요 내용을 파악한다. 그리고 전체 지문을 읽고 지문의 전체 주제를 적는다. 그리고 글의 구조를 마인드맵이나 비주얼 씽킹으로 그려본다. 그러면 글의 구조에 대해 자신감을 가질 수 있다.

#23 국어 학습법

신문을 읽어라

  신문은 시사적인 상식을 늘려 줄 뿐 아니라 비판적 사고력과 글쓰기 능력을 길러 준다. 수능 시험이 종합적 사고력과 추리력 측정에 중점을 두므로, 암기 위주의 학습법으로 높은 점수를 얻는 데는 한계가 있다. 평소 신문을 자주 읽고 다양한 분야의 지식을 갖고 비판력을 확장하는 게 중요하다.

  신문을 읽을 때는 서론-본론-결론의 형식이나 문제 제기-실태—결과 및 대책의 형식을 염두에 두고 읽으면 종합적 사고력을 키워주기 때문에 자연스럽게 논술 공부에 도움이 된다. 글을 읽을 때 반드시 이해를 먼저하고, 외울 내용이 있으면 이해를 바탕으로 외우는 습관을 키우자.

단어구조화하기

  한국, 중국, 일본, 프랑스, 오스트레일리아, 태국, 독일, 스위스, 터키, 미국, 스페인, 브라질, 캐나다, 케냐, 세네갈, 이집트, 뉴질랜드, 아르헨티나
[아시아에 있는 나라] 한국, 중국, 일본, 태국

단문구조화하기

  오페라는 / 가극으로 번역된다. // 오페라는 /두 가지 조건을/ 갖춰야만 한다. // 첫째, /16세기 말에 / 이탈리아에서 일어난/ 음악 극의 흐름을 따른 것이어야 한다.// 둘째, /대체로 / 그 작품 전체가 / 작곡 되어야 한다. //모든 대사가 / 노래로 / 표현되는 것이다. //
합창은/ 오페라 중의 / 군중 역으로/ 등장한다. // 관현악은 /서곡이나 전주곡이/ 붙는 것이 많다.//
[오페라] (정의) 모든 대사가 노래로 표현되는 것이다. (특징) 두 가지 조건으로 음악 극과 작품 전체가 작곡 되어야 한다.
(종류) 합창과 관현악

중문구조화하기

 사람은 인격을 도야하고 완성해야 성숙한 인간이 될 수 있다. 사람이 갓 태어났을 때는 짐승과 크게 다를 바가 없다. 그러나 갓난아이는 나이를 먹어 감에 따라, 말을 배우고, 지켜야 할 예절과 규범을 몸에 익히며, 생활에 필요한 지식과 기능을 습득하면서 사람다워진다.

 인격이 성숙한 사람은 자기중심성을 탈피한 사람이다. 이것은 나만을 위한 생각이나 행동에서 벗어나, 남을 먼저 생각하고 행동할 수 있는 상태가 되는 것을 말한다. 어린이 세계에서 발견되는 특징의 하나는, 모든 행동이 자기중심적이라는 점이다. 그러므로 어린이는 아직 남의 처지를 생각할 수 있을 만큼 인격이 성숙하지 못하기 때문이다.

 성숙한 인격을 이루기 위해서는 학문을 익히고 지식을 추구해야 한다. 인간다운 삶은 대개 다양한 지식과 기능을 필요로 하며, 어떤 직업에 있어서나 그 직무를 수행하기 위한 능력이 있어야 한다. 그러므로 성숙한 인격을 갖추기 위해서는 우선 무지에서 탈피하는 일이 절실하게 요구된다.

 성숙한 인격에 이르는 길은 끝이 없는 도정이다. 끝이 없는 길이기에 종점을 경험할 수 없다. 어떤 일을 성취한 후에 성숙한 인간이 되었다고 생각하는 것은 어리석은 일이다. 그것은 마치, 2층 옥상에 올라가서 세상을 다 내다볼 수 있다고 자부하는 것과 흡사하다. 그러므로 성숙한 인격에 이르기 위해서는 평생토록 인격 도야에 힘써야 한다.

1. 문단: 4문단(4개의 문장에 밑줄을 쳤기 때문)
2. 형식: 미괄식 (마지막 문장이 가장 중요하기 때문에)
3. 대강의 뜻: 4문장을 합하여 정리 요약
4. 각 단원의 요지: 각 단원에 밑줄 친 문장 요약

1단원: 성숙한 인간의 지표
2단원: 성숙한 인격에 이르는 길
3단원: 성숙한 인격에 이르는 길
4단원: 부단한 인격 도야의 필요성
가장 중요한 문장은 마지막에서 얻은 정보
1. 주제: 성숙한 인격에 이르는 길과 노력 (마지막 문장을 절이나 구로 요약정리)
2. 제목: 성숙한 인간 (앞의 주제를 구나 단어로 함축적으로 정리)

#24 수학 학습법

수학적 의사소통이란 무엇인가?

수학 문제를 풀려면 문제를 먼저 읽어야 하니까 당연히 읽기 능력이 필요하다. 우리가 수업시간에 내가 문제를 어떻게 풀었는지 친구에게 설명하는 시간을 갖기도 한다. 이때 말하기 능력이 필요하다. 수학을 배운다는 것은 다른 과목들과 마찬가지로 수학적으로 말하고, 수학적으로 듣고, 수학적으로 읽고, 수학적으로 쓰는 것을 말한다.

수학을 잘 이해하기 위해서 가장 중요한 것은 바로 잘 듣는 것이다. 선생님께서 설명하는 말이 정확하게 무엇을 뜻하는지 이해해야 한다. 수학에서 쓰이는 용어를 정리하여 두어야 한다. 그래야 선생님 설명이 정확하게 이해되는 것이다. 선생님께서 설명하는 수학 개념을 내가 이해할 수 있는 것으로 바꿔 이해하는 것이 필요하다. 예를 들어 삼각비를 활용한 건물 높이 재기에 대한 문제를 풀어야 한다면 문제의 뜻이 무엇을 요구하는지 이해하고, 삼각비에 대한 용어를 정확하게 알고 있어야 한다. 그리고 건물 높이에 대해 내가 이해할 수 있는 것으로 바꾸어서 문제를 풀어가야 한다.

수학을 싫어하는 학생들을 살펴보면 대개 분수 부분에서 흥미를 잃고 수학을 포기한다. 모든 수학 문제에서 분수의 의미를 한 번쯤 되새겨야 할 부분이다. 분수 개념을 잘 정리해 두지 않는 고등학생 절반 이상은 인수분해를 잘못한다. 이차 인수분해를 짧은 시간에 풀 정도로 실력을 쌓지 않으면 고등학교 수학 문제는 풀기 어렵다. 인수분해가 안 되면 이차방정식도 안 되고, 이차방정식이 안 되면 함수도 안 된다. 또 인수분해가 잘되지 않으면 문제를 푸는 시간이 길어진다. 인수분해 개념을 정리한 뒤 변형 문제를 자주 풀어보면서 자신감을 찾아야 한다.

고등학교 수학의 90%를 차지하는 대수는 크게 방정식과 함수로 나눌 수 있다. 중학교 수학책에서 함수는 다루는 분량도 적고 시험에도 많이 나오지 않는다. 그래서 함수를 잘못해도 성적에는 크게 문제가 되지 않았다. 그러나 고등학교에서는 중학교 때 함수를 확실하게 이해했다는 전제 아래 이차함수, 합성함수, 역함수, 삼차함수, 유리함수, 무리함수, 지수함수, 로그함수, 삼각함수, 함수의 극한과 연속, 도함수, 미적분 등 다양한 함수를 배운다. 또 방정식에도 직선과 원, 타원 등의 곡선이 함수를 잘 모르는 학생들을 힘들게 한다. 그래서 함수도 인수분해와 함께 중학교 때 기초 역량을 잘 닦아 놓아야 한다. 우선 함수 개념을 정리하고, 그래프를 많이 그려보고, 변형된 문제를 많이 풀어보는 것이 좋다.

방정식을 풀 때는 일차방정식은 근이 한 개, 이차방정식은 근이 두 개, 삼차방정식은 근이 세 개라는 사실과, 미지수의 개수와 식의 개수가 같다는 것을 알아야 한다. 미지수보다 식의 개수가 적다면 부정방정식으로 풀거나 비례를 적용하거나 다른 특수한 방정식으로 풀어야 한다. 공식은 따로 외우지 않아도 증명을 해 문제를 푸는 과정에서 자연스럽게 알게 된다. 수학은 개념이 어떻게 문제에 적용될 수 있는지를 아는 것이 필요하다. 틀린 문제는 오답 노트를 만들어 해설 과정을 이해하고 다시 문제를 풀어보면 쉽게 풀어질 수 있다.

오답 노트를 만든다. 그리고 풀이 과정을 읽어보고 문제를 풀어보는 습관을 갖는다.

#25 단권화

수업 시 부족한 부분을 다른 교재에서 필요한 부분만 뽑아서 현재 공부하고 있는 교재에 옮겨 적는 작업을 단권화라고 한다. 단권화 작업은 한 과목을 단시간 시간 안에 끝낼 수 있을 때 사용한다. 국, 영, 수를 제외한 모든 과목이 단 권화 작업을 해야 하는 과목이다.

단권화의 목적은 핵심내용을 기록하는 작업으로, 참고서나, 문제집, 선생님 설명 중에서 중요한 내용을 한 권으로 정리하여 시험에 대비하는 것이다.

단권화 작업은 한 과목씩 한다. 예를 들어, 화학 과목을 단권화한다면 자신이 가진 문제집이나 참고서, 모의고사 문제, 정리된 노트 등 화학과 관련된 모든 자료에서, 한 권씩 검토하여 교재에 있는 내용과 중복되는 부분은 제외하고, 교재에 없는 부분은 기록한다. 교재에 내용을 추가할 때는 해당 부분을 가위로 오려 붙이기, 여백에 써넣기, 포스트잇에 정리하여 붙이는 방법 등을 이용한다. 중요한 내용은 형광펜을 사용하여 정리해주는 것이 좋다.

단권화 작업 이전에는 이해와 암기에 50%, 암기한 내용을 확인하는데, 시간을 50% 사용했다면, 단권화 작업 이후에는 이해와 암기에 30%, 암기한 것을 확인하는 데 나머지 70%의 시간을 할애한다. 노트 단권화를 위해서는 무엇이 중요한지 정확히 알고 있어야 한다.

『이해하면서 공부하기』
대부분 과목의 학습 내용은 원인과 결과로 구성되어 있다. 과학이나 수학 뿐만 아니라 사회와 국사, 그리고 세계사 과목은 한 사건이 다른 사건의 원인이 되고, 다른 사건의 결과가 또 다른 사건의 원인으로 이어진다. 즉 A 사건이 B 사건의 원인이 되고, B 사건은 A 사건의 결과가 된다. 또 B 사건도 또 다른 C 사건의 원인이 된다. 이런 이유로 그 사건의 원인을 잘 이해하면 결과는 외우지 않아도 자연스럽게 외워지는 것이다.

차의 발명은 마차의 몰락을 가져 왔다" 과정을 생각해보자. 영국에서 산업 혁명이 시작되고 자동차가 발명되었다. 아무리 마차가 빨리 간다고 해도 자동차를 따라갈 수 없었다. 마차의 몰락은 외울 필요가 없다. 이해하면 그것으로 되는 것이다. 우리가 소설이나 교과서를 읽을 때 앞장에 나와 있는 목차를 읽고 요약하면 내용 이해와 기억에 도움이 된다. 공부를 시작할 때 "어떻게 외우면 될까? 하고 골똘하게 생각해보는 습관을 갖는 것도 좋은 학습법이 될 수 있다. 내용을 이해했다면 문제를 풀어 자신이 알고 있는 것을 확인한다.

정답을 미리 표시하고 풀면 빠르게 많은 문제를 풀 수 있고 다양한 문제 유형들을 단시간에 머릿속에 정리할 수 있다. 문제의 정답을 미리 표시해 놓고 왜 이 문제의 정답이 이것이 되는 지만 생각하면서 문제만 풀면 된다. 그리고 보던 것만 계속 반복해서 본다.

내용 정리가 위주인 수업은 예습을 해야 한다. 먼저 학습 내용을 이해하고, 수업을 들으면 도움이 된다. 문제 풀이 위주로 수업하시는 선생님이라면 복습이 효율적이다. 모든 내용을 이해도 위주로 진행하는 수업은 복습하는 것이 좋다.

#26 이해하며 공부하기

대부분 과목의 학습 내용은 원인과 결과로 구성되어 있다. 과학이나 수학 뿐만 아니라 사회와 국사, 그리고 세계사 과목은 한 사건이 다른 사건이 원인이 되고, 다른 사건의 결과가 또 다른 사건의 원인으로 이어진다. 즉 A 사건이 B 사건의 원인이 되고, B 사건은 A 사건의 결과가 된다. 또 B 사건도 또 다른 C 사건의 원인이 된다. 이런 이유로 그 사건의 원인을 잘 이해하면 결과는 외우지 않아도 자연스럽게 외워지는 것이다.

차의 발명은 마차의 몰락을 가져왔다고 생각해보자. 영국에서 산업 혁명이 시작되고 자동차가 발명되었다. 아무리 마차가 빨리 간다고 해도 자동차를 따라갈 수 없었다. 마차의 몰락은 외울 필요가 없다. 이해하면 그것으로 되는 것이다. 우리가 소설이나 교과서를 읽을 때 앞장에 나와 있는 목차를 읽고 요약하면 내용 이해와 기억에 도움이 된다. 공부를 시작할 때 "어떻게 외우면 될까? 하고 골똘하게 생각해보는 습관을 갖는 것도 좋은 학습법이 될 수 있다. 내용을 이해했다면 문제를 풀어 자신이 알고 있는 것을 확인한다.

정답을 미리 표시하고 풀면 빠르게 많은 문제를 풀 수 있고 다양한 문제 유형들을 단시간에 머릿속에 정리할 수 있다. 문제의 정답을 미리 표시해 놓고 왜 이 문제의 정답이 이것이 되는 지만 생각하면서 문제만 풀면 된다. 그리고 보던 것만 계속 반복해서 본다.

내용 정리가 위주인 수업은 예습해야 한다. 먼저 학습 내용을 이해하고, 수업을 들으면 도움이 된다. 문제 풀이 위주로 수업하시는 선생님이라면 복습이 효율적이다. 모든 내용을 이해도 위주로 진행하는 수업은 복습하는 것이 좋다.

독후감은 독서 후에 작성하는 감상문으로 책 내용을 그대로 작성하는 것이 아니라, 읽고 느낀 생각이 드러나야 한다. 읽은 책 내용은 서론에서는 최대한 짧게 요약해서 작성하고, 본론에서는 느꼈던 점들을 중점적으로 다룬다. 이때 기억에 남을 만한 장면이 있다면 그 장면에 대한 짧은 설명과 느낀 점을 작성하고, 결론은 책에 대한 감상평으로 마무리하면 된다.

서평은 독후감과 달리 객관성과 비판성을 중심으로 쓰는 글이다. 독후감은 일인칭 시점으로 쓰는 것이라면 서평은 삼인칭 시점으로 쓴다. 책의 내용을 정리하면서 책 내용의 장. 단점을 지적하고 그 책이 우리 사회에 차지하는 위상을 적어주면 된다.

#27 독후감과 서평 쓰는 법

1. 노인과 바다

<요약>

 이 작품은 1954년에 노벨문학상을 받은, 헤밍웨이의 문학세계를 암시하는 대표적 작품이라 할 수 있다.

 흔히들 헤밍웨이의 문학적 소양을 잘못 이해하는 이들은 작품의 결론이, 심오한 사상과 철학적 깊이가 없는 허무와 성실의 끝맺음 이라고들 한다.

<느낀 점>

 그 대강의 줄거리를 살펴보면, 어느 한 노인이 홀로 바다로 나아가 84일 동안 고기 한 마리 끌어올리지 못하지만, 바다에 대한 끊임없는 인내와 투지력에 영혼을 불태운 어로 작업이었다. 드디어 85일째 망망한 대해에서 문득 오후 시간에 큰 물고기가 걸려든 것을 느낀다.

 엄청난 대어는 오히려 노인의 배를 끌어가는 듯했고, 노인은 오직 육지에 대한 희망 속에서 생명에의 불꽃을 튀기는 대결 끝에 승리하게 된다.

 그러나 큰 고난 끝에 잡았던 대어의 살점은 어느 순식간에 상어의 습격을 받아 다 뜯겨 버리고 만다.

 노인이 마알린을 죽이는 것은 생존하기 위한 수단으로서 만이 아니라 끝없는 바다와의 항쟁 속에서 인간 본능의 직업을 수호하기 위함이었다.

 최선을 다함에 있어 그 패배 란 다만 파멸로서 다가올 뿐인 것이다. 이러한 속성이 있는 것을 아는 노인은 자신이 죽여야 할 마알린에 대해서도 자기와의 동등한 형제 로서의 사랑을 느낀다.

 죄가 아니라고 느끼는 것이다. 투철한 정신세계, 용감하고 성실하게 생명체에 대항하는 그의 태도가 바로 헤밍웨이 작품의 신념이라 볼 수 있을 것이다.

<책에 대한 서평>

 인간관계와 자연력을 소재로 하여 편협한 면과 존엄한 면을 상징적으로 묘사한 작품으로 내가 읽고 느낀 것은 하나의 집념 아래 인내로 움직이는 그의 숭고한 정신을 본받고 싶었다.

 책을 다 읽은 나의 마음에는 너무나도 허탈한 기분이 감돌았다.

 피와 땀의 결실로 85일 만에 겨우 대어를 잡았으나 살을 다 뺏겨 버려 고기의 커다란 꼬리만 달빛에 비쳐 선미로 하얀 선과 뾰족한 부리가 달린 대가리의 까만 덩어리가 마음을 몹시 아프게 한다.

 그 사이는 아무것도 없는 벌거숭이이었기에, 어쩌면, 앙상한 뼈다귀만 달고 오는, 인생의 허무함을 외치는지도 모른다.

 우리는 생존경쟁과 동시에 자기와의 투쟁 속에서 살아간다.

#28 좋은 문장 쓰는 법

『**좋**은 문장 쓰기』

 좋은 문장을 쓰기 위해서는 짧게 쓰기, 능동 형 동사 쓰기, 단문 쓰기, 전문용어를 쉬운 말로 바꾸어 쓰기를 하면 된다. 글을 잘 쓰기 위해서는 첫째, 문장의 주어와 서술어를 의식적으로 써야 한다. 하나의 글은 단락과 단락의 연결로, 하나의 단락은 문장과 문장의 연결로 이루어져 있어서 반드시 주어와 서술어를 명확하게 써주어야 한다. 둘째, 육하원칙(5W1H) 을 생각하며 쓰기이다. 무엇을, 누구에게, 왜, 언제, 어디서, 이 육하원칙은 상대방의 궁금증을 해소해 주는 중요한 부분이다. 육하원칙에는 "누가", "무엇을" 이라는 주체와 객체 관념, "언제", "어디서" 라는 시간과 장소 관념, "왜" 라는 인과 관념, "어떻게" 라는 수단 관념이 있다.

 글쓰기 뿐만 아니라 기획의 핵심도 육하원칙이다. 기획은 문제의 원인을 파악하여(why), 구체적으로 달성하고자 하는 목표(what)를 설정한 다음, 그 목표를 달성하기 위한 구체적 방법 및 전략(how)을 수립하고, 누가 그 일을 맡아서(who), 언제까지 수행해야 하는지(when) 계획을 구상하는 것이다. 셋째, 간결하고 명확하게 쓰는 것이다. 신문 칼럼니스트들의 문장 분량은 평균 28.8자였다. 3음절을 기준으로 하면 최대 9개의 단어로 이루어져 있다. 가능하면 육하원칙을 기반으로 짧게 간결하게 글을 쓰는 습관을 들이자.

『좋은 문장의 요건』

 좋은 문장이 되기 위해서는 글을 완전하게 써야 한다. "공기 청정기 필터 교체하는 법" 은 교체하는 구체적인 방법이 제시되어 있지 않다. 이 문장을 "누구나 설명서를 보면 공기 청정기 필터를 바꾸는 방법을 손쉽게 배울 수 있다". 문장으로 바꾸면 글을 읽는 사람들은 누구나 쉽게 이해할 수 있다.
 "악기를 다루기 위해서는 그 악기에 대한 무언가를 알아야 할 필요가 있다." 이 문장은 구체적이고 명료하지 가 않다. "피아노를 잘 치기 위해서는 운지법을 제대로 익혀야 하고 오랜 시간 손가락 훈련을 해야 합니다." 이렇게 글을 쓰기 위해서는 구체적이고 명료해야 한다.
 또한, 글을 쓰기 위해서는 모호한, 말보다는 적합한 단어를 선택해야 한다. "마른 몸, 여자" 란 이 단어도 어떤 뉘앙스로 표현하느냐에 따라 느낌이 달라진다. 긍정적 표현으로 날씬한 여자가 될 수 있고, 부정적 표현으로서는 야윈 여자로 생각할 수 있다.

#28 좋은 문장 쓰는 법

『베껴 쓰기』

논리적 사고를 위해서 글쓰기가 필수적이다. 글 읽기와 글쓰기를 함께 훈련하는 것은 스스로 생각하는 능력을 길러 주고 잠재력을 개발시켜 준다. 글쓰기는 글을 쓰면서 문법을 분석적으로 생각하지 않는다. 글 쓰는 대로 맞춰서 쓰면 되는 것이다. 신문 사설은 1,000자 정도로 논리적으로 잘 구성된 글이다. 신문 사설을 베껴 쓰면서 좋은 문장의 구조를 몸으로 익히게 되면 자신도 모르게 글을 쓸 때 활용할 수 있기 때문이다.

베껴 쓰기는 가능하면 손으로 써보는 것이 좋다. 손으로 써본 것은 장기기억으로 오래 남는다. 가령, 수영 이론처럼 수영을 한 번 배워두면 오랜 기간 하지 않았다고 해서 수영하는 방법을 잊어버리지는 않는다. 세월이 흘렀어도 몸은 배운 기술을 고스란히 갖고 있다. 그래서 손으로 써보는 것이 글을 생각하게 하는 시간을 갖게 되므로 문장력 향상에 많은 도움이 된다.

#29 수필 쓰기

경험을 정리하기(겪은 사건이나 경험을 풀어쓰기, 기억에 남을 만한 이야깃거리 찾기)

최근 겪은 개인적인 사건이나 경험을 생각 머릿속에 떠오른 5~10개 이상의 문장을 적어본다. 이 떠오른 단어들을 가지고 글을 쓰면 수필이 된다.

[예시] 봉사활동, 지역 어르신, 중증 장애인, 어르신들과 이야기, 용돈 절약

예문1.

제가 사는 지역에는 혼자 사시는 어르신들이 많습니다. 몸이 불편하신 할머니를 모시고 산적이 있어 어르신들에게 많은 관심을 가질 수 있었습니다. 조금이라도 도움이 될 수 있을 것 같아서 지역 센터 도움을 받아 어르신들을 위해 반찬 나누기 봉사를 했습니다. 지속적인 봉사로 이어지면서 소통할 수 있는 의미가 있는 활동으로 혼자 사시는 어르신에게 말벗이 되어주기로 했습니다.

용돈을 아껴서 간식도 살 수 있었습니다. 사간 간식을 함께 먹으면서 학교에서 있었던 일과 공부 그리고 친구들 이야기를 들려주었습니다. 처음에는 별 반응을 보이시지 않던 어르신께서 시간이 흐르자 어르신 가족과 어르신이 살아오셨던 과거 이야기를 들려주시며 손자처럼 해주셨습니다. 모르는 사람이 마음의 문을 열기 위해서는 마음이 통할 수 있는 진정성이 있어야 한다는 사실을 배울 수 있었고, 보이기 위한 봉사가 아닌 저를 볼 수 있는 봉사의 가치를 경험할 수 있었습니다.

소중한 경험이 중증 장애인 봉사로 꾸준히 이어질 수 있었습니다. 거동이 불편한 분들을 위해 청소와 식사 돕기를 하며, 함께 외출도 하면서 장애와 비장애인들이 서로 잘사는 사회를 꿈꾸어 볼 수 있었습니다. 이런 활동을 통해 봉사를 재미있어서 매일 하고 싶어 하는 놀이로 생각하게 되었습니다. 이런 생각 전환이 봉사를 통해 저 자신을 사랑하고, 저를 돌아볼 수 있는 나눔의 과정으로 성장 될 수 있었습니다.

#30 기행문 쓰기

[기행문 쓰기]

최근에 여행을 다녀온 장소에 관해 설명하는 것처럼 (생각을 확장하여 문장 쓰기) 글을 쓴다.

예문1. 어디를 갔는데 그곳은 어디이고, 어떤 역사나 특성이 있을까? 가는 과정이나 입구 등에 특징이 있을까? 그 장소에 관한 이야기에는 뭐가 있을까? 그곳에서 무엇을 했나? 등을 생각하고 자신 생각을 말한다. 장소와 얽히거나 장소에서 촉발된 어떤 이야기를 하는 것으로 기행문은 완성된다.

 현대화에는 뒤처지지만 때 묻지 않는 자연, 거기에 다소 불편한 시골 스러운 생활 모습이 너무 자연스러운 나라 라오스를 여행했다. 라오스는 내륙국이며, 인구가 희박하여 개발이 늦게 되었다. 불교 국가라 인상 깊은 것은 비엔티안에 있는 탓루안 황금 사원이었다. 건축물이나 장식들이 황금색으로 엄청 화려하고 잠깐 잠든 것 같은 모습을 한 와불상은 황금으로 만들어져 있어서 신비감이 더해졌다. 라오스 인들에게는 불교에 대한 믿음이 매우 크게 보였다.

 루앙프라방 야시장은 매일 5시쯤 되면 차량이 통제되고 야시장이 들어선다. 이곳에서 수공예품들은 라오스인들의 예술적인 면을 볼 수 있는 장소 중 하나인데 우리나라의 5일 장을 보는 듯했다. 생생한 라오스 사람들을 삶 속을 보기 위해 찾아간 몬도가네 아침 시장은 우리나라와 조금 다른 라오스의 식, 재료들을 구경할 수 있었다. 물건을 사라고 하는 강매도 없어 라오스인들의 생활의 여유로움을 느낄 수 있었다. 선상에서 음반을 통해 한국 가수가 부른 노래를 들으며 카오삐약 이라는 라오스 쌀국수를 먹는 것도 잊지 못할 추억이 되었다.

 한국인 관광객들을 위해 관광 사업을 하는 라오스인들을 보면서 우리나라의 국력을 새삼 느낄 수 있었다. 방비엥으로 이동하여 액티비티 활동을 했는데 짚라인, 버키가, 동굴튜빙, 카누 등은 전율을 만끽할 수 있는 활동이었는데, 특히 블루라군3은 물이 맑고 점프대가 있어 다이빙을 즐길 수 있는 곳으로 다이빙을 잘하는 나에겐 환상 그 자체였다. 그래서 라오스 여행 중에 가장 인상 깊은 것으로 기억된다.
 이웃들과 함께 어울려 춤을 추며 술을 마시며 생활에 여유로움을 찾는 라오스인들의 모습을 보며 행복의 만족도가 무엇인지 여행을 통해 생각해 볼 시간을 가졌다.

수행평가
보고서

목차

1. 『공터에서』 김훈 / 해냄

[작가 소개]

1948년 서울 출생

2000년까지 여러 직장을 전전

소설" 칼의 노래, "풍경과 상처", "남한산성" 외 다수

[시대적 배경]

 20세기 한국 현대사를 배경으로 그 시대를 살아낸 마 씨 집안의 가장인 아버지와 그의 삶을 바라보며 성장한 아들들의 비애로운 삶을 그리고 있다. 우리 민족이 일본제국에서 해방된 후 한반도에 몰아친 피바람들, 한국전쟁, 4.19, 5.16, 5.18, 6.10을 보고 겪은 작가가 이승만, 박정희 등을 거쳐 국가 권력이 옮겨가는 것을 목격하며, 그에 따라 영광은 작고 치욕과 모멸이 많은 우리 삶의 끝이 달라지고 있는 것을 자전적 경험을 실마리로 집필한 작품이다.

 1910년부터 1980년대까지 우리 현대사에서 빼놓을 수 없는 굵직한 사건들이 곳곳에 배치되어 있는데, 이러한 사건들은 마 씨 집안의 가장인 아버지 마동수와 그의 삶을 바라보며 성장한 아들들의 삶을 통해서 드러난다. 일제 강점기 삶의 터전 만주 일대를 떠돌 수밖에 없었던 아버지가 겪어낸 파란의 세월, 해방 이후 혼란스러운 시간과 연이어 겪게 되는 한국전쟁, 전후의 피폐한 생활 속에서 맺어진 남녀의 애증과 갈등, 군부독재 시절의 폭압적인 분위기, 베트남전쟁에 파병된 한국인들의 비극적인 운명, 대통령의 갑작스러운 죽음과 군사반란, 세상을 떠도는 어지러운 말들을 막겠다는 언론 통폐합, 이후 급속한 근대화와 함께 찾아온 자본의 물결까지 시대를 아우르는 사건들이 전쟁으로 폐허가 된 서울에 정착해 삶의 기틀을 마련하려는 마 씨 집안의 가족사에 담겨있다.

 마 씨 가족의 이야기를 통해 일제 강점기, 만주 벌판을 떠돌았던 현장부터 해방과 한국전쟁으로 폐허가 된 땅에서 살아가는 남루한 인생들이 뒤엉켜져 소설을 구성하고 있다.

[작품내용]

 마동수가 죽음으로 소설은 시작한다. 마차세 상병은 15일간 정기 휴가를 받아 출발하게 되어있었다. 마동수는 3년째 암 투병 중으로, 그는 쇠약할 대로 쇠약해진 상태였고, 그의 아내 이도순은 연탄 두 장을 얻어 얼어붙은 산비탈을 오르다 넘어져 고관절에 금이 가 병원에 입원 중이었다. 전방 GOP에 복무 중인 상병 마차세가 정기휴가증을 받고 집에 와서 잠시 여자 친구를 만나러 외출한 사이에 마동수는 홀로 세상을 떠난다. 베트남전쟁 참전 후 전역해 괌에 정착해 있는 첫째 아들 마장세 대신 마동수의 장례는 둘째 아들 마차세 혼자서 치르게 된다.

 마장세는 서해안 최북단 귀녀도의 해안 초소에 근무하다가 베트남 파병 부대에 차출 되었다. 그리고 제대하기 세달 전에 5등 무공 훈장을 받았다. 마장세의 분대 7명은 임무를 수행하던 중 고립되어 4명만 살아남았다. 이때 분대에 새로 배속된 상병 김정팔이 어깨에 총알을 맞았는데 사살하고 나머지 대원을 이끌고 복귀한다.

1.『공터에서』김훈 / 해냄

마차세는 미술학과를 졸업한 박상희와 결혼을 한다. 이때 박상희는 결혼식 날 처음으로 마장세의 얼굴을 보고 남편과 구별하기 어려울 정도로 닮아 있었다는 것을 안다. 축하객으로 온 아버지 동료가 음식물을 먹으면서 돈을 달라고 요구한다. 이때 마차세는 죽은 아버지의 혼백은 아직도 서울 거리의 여관에 장기 투숙하고 있다고 생각한다. "아버지는 거점이 없었어, 발 디딜 곳 말이야" 형은 그런 아버지가 싫어서 형 자신의 거점을 없앤 거야. (p197)

아버지가 죽음으로써 아버지를 한평생 끌고 온 시간과 아버지의 짐이 과연 소멸될 수 있을 것인지는 확실치 않았다. (P.198) 마차세는 결혼이 그 막막한 세상에서 몸 비빌 수 있는 작은 거점이 되어주기를 바랐다. (P.199)

당신의 손을 잡은 것은 내 손이니까, 내 손을 잡은 손은 당신 손이니까 당신의 손이나 내 손이나 결국 같은 것이지만 "당신의 손" 이 내 손보다 더 가깝게 느껴지네!
당신의 손이 벽에 걸려 있으니까 마차세는 연립주택 3층의 월세 방이 오래 살던 방처럼 느껴졌다. (P.206)
박상희는 그림을 배우는 중학생들을 공원으로 데리고 가서 손바닥으로 소나무 껍질을 만져보게 했다. 천천히, 잘 만져봐. 잘 들여다보면서 만져보고, 눈을 감고 만져봐, 그림을 잘 그리려면 잘 만져봐야 해 (P.207)

둘째 아들 마차세의 결혼식을 보고 나서, 이도순은 에인젤 요양원에 입원한다. 박상희는 딸을 낳고 눈이 와서, 하얀 세상에 태어났다 해서 누니라고 이름을 짓는다. 아이의 탄생을 알리려 어머니를 찾아갔는데 어머니는 요양원에서 72세로 죽어있었다. 이때도 마장세는 장례식에 오지 않았다.

마장세가 미크로네시아 지방정부의 경찰에 체포되어서 구금 중 이라는 소식을 마차세는 서울 남산 경찰서 외사과형사의 출석 요청을 받고서 알았다. 경찰은 마차세를 무혐의로 처리했다. 봄에 마장세는 1심에서 징역 3년을 선고받았다. 봄에 누니는 학교에 들어갔다. 봄에 박상희는 가게의 옷을 모두 바꾸고, 매출이 늘었다. 봄에 마차세는 오토바이를 타고 거리로 나왔다. 마차세는 서울 순환도로에서 동부순환도로로, 외곽도로에서 중앙도로를 하루 종일 달렸다.

[배우고 느끼고 실천한 점]

나에게 거점이란 무엇인지 알게 되는 시간이 되었다. 나의 거점은 가족 그리고 진로에 대한 꿈이라고 말할 수 있겠다. 무심코 살아왔던 생활에 거점이란 단어를 통해 나를 되돌아 볼 기회를 얻을 수 있었다. 또한, 나의 거점이 가족이라는 사실을 알고 가족의 소중함을 느낄 수 있는 귀중한 경험도 할 수 있었다. 아쉬운 점은 가족이 화해하여 화목하게 해피엔딩으로 끝났으면 하는 아쉬움이 있다.

1.『공터에서』김훈 / 해냄

Q1. 내가 주인공 이었다면?

A1: 내가 마동수(주인공) 이었다면, 한 가족의 가장으로서 부인 이도순과 두 아들에게 가장으로서 역할을 충실하게 하여 온 가족의 거점이 가족이 될 수 있게 노력했을 것이다.

Q2. 거점에 대해 평가한다면

A2: 거점(발 디딜 곳)을 두고 서로의 생각이 달라서 갈등으로 이어지고 있다. 아버지 마장세의 거점은 가족을 책임지지 않고 자유로운 영혼을 가지는 것이고, 부인 이도순의 거점은 남편 마장세 집을 떠돌아다니지 않고 집으로 돌아와 이제는 남편을 기다리지 않아도 된다는 것이고, 장남 마장세의 거점은 아버지에게서 영원히 떨어져 사는 것이고, 동생 마차세의 거점은 부인 박상희와 결혼해 편안한 삶을 사는 것으로 갈등 양상이 나타난다.

Q3. 내게 깊이 와 닿는 5문장

A3-1. 결혼이 그 막막한 세상에서 몸 비빌 수 있는 작은 거점이 되어주기를 바랐다. (결혼을 통   해서 마음의 안정을 찾기 위해서)

A3-2. 당신의 손을 잡은 것은 내 손이니까, 내 손을 잡은 손은 당신 손이니까 당신의 손이나 내 손이나 결국 같은 것이지만 "당신의 손" 이 내 손보다 더 가깝게 느껴지네. (사랑하는 사람을 시적으로 표현했기 때문에)

A3-3. 천천히, 잘 만져봐. 잘 들여다보면서 만져보고, 눈을 감고 만져봐, 그림을 잘 그리려면 잘 만져봐야 해.(그림을 만진다는 것을 통해 촉감의 중요성을 강조했기 때문에)

A3-4. 눈이 와서, 하얀 세상에 태어났다 해서 누니 라고 이름을 짓는다. (눈과 이름을 잘 조화했기 때문에)

A3-5. 서울 순환도로에서 동부순환도로로, 외곽도로에서 중앙도로 로 온종일 달렸다. (새로운 출발을 알려주기 때문에)

2. 『오만과 편견』 제인 오스틴 / 민음사

[전체 줄거리]

베넷 가에는 다섯 자매가 있는데, 온순하고 마음이 착하며 만사에 내성적인 맏딸 제인, 그리고 둘째 딸 엘리자베스는 재치가 넘치는 성격의 소유자이다. 제인은 빙리를 사랑하게 되지만, 자기감정을 숨긴다. 빙리의 친구 다아시는 엘리자베스의 눈에 신분을 내세우는 '오만'한 남자라는 인상으로 비친다.

다아시와 빙리는 사랑을 확신하지 못한 채 그 땅에서 떠나간다. 다아시의 구애에도 엘리자베스는 다아시가 '오만'하다는 '편견'을 가지고 그의 구애를 거부한다. 여러 가지 사건과 집안 문제에 부딪히면서 엘리자베스는 다아시가 너그럽고 사려 깊은 인물이라는 사실을 알게 되고, 자신의 '편견'을 고치기로 한다.

Q1. 주된 갈등 양상에 대해 말하시오.

A1. 엘리자베스는 다아시가 '오만'하다는 '편견을 가지고 그의 구애를 거부한다. 그러나 그녀는 경박하고 낯이 두꺼운 콜린스와 싹싹하기는 해도 성실하지 못한 위컴과 만나면서 결코 첫인상이 중요하지 않다는 사실을 깨닫게 된다. 여러 가지 사건과 집안 문제에 부딪히면서 엘리자베스는 다아시가 너그럽고 사려 깊은 인물이라는 사실을 알게 되고, 자신의 '편견'을 고치기로 한다.

이전에는 빙리와 제인의 사랑을 의심하여 결혼을 만류했던 다아시는 그들의 사랑을 믿고, 오히려 그들의 결혼을 주선한다. 이어 다아시와 엘리자베스도 이해와 사랑과 존경으로 맺어진다.

Q2. 내용 감동 3부분 각 5줄씩 쓰세요.

A2. 엘리자베스 자신의 잘못된 판단력을 한탄하는 이 부끄러운 순간은 엘리자베스의 발전에 있어 가장 극적인 순간이자 소설의 구조상 절정을 이룬다. 자아 인식에 굴욕을 느낀 엘리자베스는 비판적으로 자신의 과거를 돌이켜 볼 수 있게 되어 자신을 세상에 순응하게 한다. 자신의 환경적 열세에도 불구하고 다아시와의 관계에서 엘리자베스의 지적인 오만은 꺾어진 일이 없으며 그것은 자의적 존엄성이라고 볼 수 있다.

엘리자베스는 사람이란 어쩔 수 없이 어리석고 모순되는 존재라는 것과 그녀도 역시 이런 제약에 따를 수 없다는 사실을 깨닫게 되는 것이다. 따라서 다아시의 점잖으면서도 오만한 행동들이 오히려 지각 있는 처사였음을 인정하게 이르자 다아시에 대한 편견이 해소되고, 자신의 통찰력을 자랑스럽게 생각했던 자신의 잘못을 자성하고 겸손 해지며 마침내 자신을 재평가하게 된다.

다아시의 오만한 행동에 대한 그녀의 편견은 가중된다. 다아시에 대한 반감은 엘리자베스에게 늘 조소적이며, 언행 중에 나타난 예리한 지성과 강렬한 개성이 다아시의 오만을 점점 애정으로 변하게 만든다. 다아시는 자신이 주위 사람들로부터 습관적으로 받는 찬사에도 불구하고 그가 한 행동들이 엘리자베스의 기준을 만족시키지 못했다는 것을 인식하게 된다. 각자의 오만과 편견을 극복하고 서로를 이해하게 되는 이야기의 전개라고 할 수 있다.

2. 『오만과 편견』 제인 오스틴 / 민음사

Q3. 내가 등장인물 한 사람이라면, 상황에 어떻게 대처하고 말하였겠는가? 그리고 어떻게 달라졌을까?] 에 대해 자신 생각을 쓰시오.

A3. 내가 소설 속의 주인공 "다아시" 라면 엘리자베스에게 다가가기 위해서 엄숙함과 상대방에게 비위에 거슬리는 행동을 자제할 것이다. 엘리자베스가 "다아시 씨에게 대단히 정중 하군요?"라고 말하는 것은 그의 거만한 성격에 대해서 우회적으로 말하는 것이다.

다아시는 자기 신분에 어울리는 엄숙함을 나타내지만, 엘리자베스는 그녀의 세계 밖에 있는 엄숙함을 이해하지 못하며 단지 상류계층의 허세와 오만함을 비꼬면서 "archly"(장난스럽게)라는 표현을 사용한다. 이처럼 엘리자베스는 다아시 에게 받은 무시로 자존심이 상하여 자신의 편견과 오만에 빠지게 된다. 그러나 다아시는 자신의 엄숙 함이 단지 습관적인 예절이라고 생각하고는 무도회에 참석한 사람들과 어울리지 않는 자신의 행동을 인식하지 못한다. 다아시는 당시의 바람직한 여성상에 대하여 여성은 피아노를 배우고 자수를 익히며 걸음걸이나 손님 접대에 관한 예절을 배우고 독서를 해야 한다고 생각하고, 엘리자베스의 행동은 사회적으로 확립된 기존의 예법에 비교하면 다소 무례하고 거칠게 보인다고 생각한다.

내가 소설 속 다아시 라면 엘리자베스에게 신분에 대한 차별과 여성이라서 이런 행동을 해야 한다는 사고를 버릴 것이다. 있는 감정대로 자신을 사랑을 고백하고 엘리자베스의 입장이 되어있는 그대로의 엘리자베스를 인정해 주었으면 상대방에 관해 오만과 편견은 사라지고 둘의 관계는 더 빠른 시기에 행복한 삶을 살아갈 수 있지 않았을까 생각된다.

Q4. 느낀 점, 좋은 점 아쉬운 점에 대해 말하시오.

A4. 책의 내용 중에 있는 "편견은 내가 다른 사람을 사랑하지 못하고, 오만은 다른 사람이 나를 사랑하지 못하게 한다."라는 말이 가슴에 와 닿는다. 우리가 생활하면서 여러 가지 복잡한 감정 중에서 오만과 편견은 빼놓을 수 없는 감정이라고 생각한다. 그동안 갖고 있던 성급한 일반화의 오류가 얼마나 문제가 있는지 깊이 느끼는 경험을 배울 수 있었다.

엘리자베스는 다아시가 너그럽고 사려 깊은 인물이라는 사실을 알게 되고, 자신의 '편견' 을 고치기로 한다. 이전에는 빙리와 제인의 사랑을 의심하여 결혼을 만류했던 다아시는 그들의 사랑을 믿고, 오히려 그들의 결혼을 주선한다. 이어 다아시와 엘리자베스도 이해와 사랑과 존경으로 맺어지고 진실을 통해 편견을 극복하는 부분이 좋았다. 베넷 부인과 세 명의 딸들의 어리석은 행동으로 인해 절대 다아시와 엘리자베스와 관계가 멀어지는 것에 대해 자신의 주관적 생각으로 가까운 사람의 행복을 맞는 것에 대해 아쉬운 점이 있다.

Q5. 작품 주제를 한 문장으로 정리하시오.

A5. 처음 만남이 이루어질 때 외모를 통한 상대방에 대한 그릇된 판단이 오만과 편견을 불러올 수 있고, 이 오만과 편견은 그 사람에 대한 진실성이 드러날 때 극복될 수 있는 것을 배울 수 있는 작품이다. 한 문장으로 주제를 정리하면 '사람은 자주 볼수록 호감도가 좋아진다"

3. 『직지』 김진명 / 샘 앤 파커스

[책 소개]

기기한 상징 살인 뒤에 감춰진 '직지'의 미스터리가 마침내 밝혀진다! 일간지 사회부 기자 김기연은 베테랑 형사조차 충격에 빠뜨린 기기한 살인 현장을 취재한다. 무참히 살해된 시신은 귀가 잘려나가고 창이 심장을 관통했다. 놀라운 것은 드라큘라에게 당한 듯 목에 송곳니 자국이 선명하고 피가 빨렸다는 점이다. 피살자는 고려대학에서 라틴어를 가르쳤던 전형우 교수. 과학수사로도 용의자를 찾을 수 없는 가운데, 기연은 이 기묘한 사건에 점점 빠져든다.

이런 과정 중 살해된 교수의 차량 내비게이션에서 최근 목적지가 청주 '서원대학교'임을 알아내고, 그의 휴대전화에서 '서원대학 김정진 교수'라는 사람을 찾아낸다. 김정진 교수는 '직지' 알리기 운동을 펼치는 인물로서 구텐베르크 금속활자의 뿌리가 '직지'라 확신하고, 그것을 뒷받침할 만한 증거를 캐고 있다.

그러던 중 바티칸 비밀수장고에서 오래된 양피지 편지가 발견된다. 그것은 교황 요한 22세가 고려 충숙왕에게 보낸 것으로 추정되는 편지로, 직지 연구자들은 이것이 '직지'의 유럽 전파를 입증해줄 거라 믿고 편지의 해석을 전형우 교수에게 의뢰했다. 하지만 전 교수는 그 가능성을 부정하는 해석을 내놓았고, 연구자들은 그에게 분노한다. 기연은 처음으로 범행동기가 나타났음을 깨닫고 직지 연구자들을 용의 선상에 올린다.

그러나 범행동기와 살인 현장이 전혀 어울리지 않는 모순적인 상황에서 고민하던 기연은 전 교수의 서재에서 결정적 단서를 발견한다.

[책 내용]

짐승의 서열이 이빨이나 발톱, 근력에 의해 결정된다면 사람의 힘은 지식과 지혜에 의해 결정되는 바, 백성이 책을 읽어 지식과 지혜를 얻기에는 한자라는 문자가 너무 어려웠고, 그러다 보니 학문도 지혜도 신분도 벼슬도 다 세습되고 있었다. 글과 학문을 익히는 데 시간이 너무 오래 걸리기에 가난한 백성이 자식에게 글을 가르친다는 건 엄두도 낼 수 없는 일이라 세습은 점점 굳어지게 마련이었다. "그렇다! 백성에게 글을 만들어 주자!"

세종은 역사상 누구도 하지 못했던 위대한 생각을 해냈지만, 사방이 적이었다. 처음에는 가장 가까운 집현전 학사들에게조차 함부로 말을 꺼낼 수 없을 정도였다. 조금씩 설득한 끝에 몇몇 학사들을 끌어들였지만 새 글이 거의 완성되어가는 요즘에 와서도 조심하기는 매한가지였다. 고관대작들은 물론 집현전 학사들, 중에도 제 나라 임금을 업신여기고 명나라 눈치를 보는 데 이골이 나, 모든 판단 기준을 오로지 명나라의 심기를 거스르지 않는 데 두는 자들이 태반이기 때문이었다. (p.41~42) "이 위대한 기술은 역사를 바꿔놓을 것이다. 저 무심한 필경사들의 손에서 얼마나 많은, 문서들의 정신이 사라지고, 얼마나 많은, 저자들의 혼이 사라졌을까. 그대의 금속활자는 시저의 갈리아 정복보다, 알렉산더의 동방 정복보다 위대하다." (p.117)

3. 『직지』 김진명 / 샘 앤 파커스

Q1. 주제를 선정하고 해당 주제를 연구하려는 목적을 서술한다. (학문적 의미)>

A1. "소설 직지"로 선정하고 세종대왕은 한글을 만드는 목적을 백성이 책을 읽어 지식과 지혜를 얻기에는 한자라는 문자가 너무 어려웠고, 그러다 보니 학문도 지혜도 신분도 벼슬도 다 세습되고 있는 것에 대해 보안과 관련하여 비밀리에 진행되는 세종대왕의 한글 창제의 과정에 대해 알아보고자 한다.

Q2. 그렇게 생각한 동기를 평소의 진로, 관심과 연계하여 서술한다. (개인적 동기)>

A2. 세종은 역사상 누구도 하지 못했던 위대한 생각을 해냈지만, 사방이 적이었다. 처음에는 가장 가까운 집현전 학사들에게 조차 함부로 말을 꺼낼 수 없을 정도였다. 조금씩 설득한 끝에 몇몇 학사들을 끌어들였지만, 정보보안은 세종과 주지사와 직지를 만드는 신미와 그의 딸 은수로 비밀 장소에서 이루어지고 있었다. 이 비밀이 새어 나가면 위대한 한글은 빛을 보지 못했을 것이다. 그래서 정보보안과 관련하여 주제에 대해 접근하는 계기가 되었다.

과제3. 연구를 통해 예상되는 결론과 그 결론을 어떤 식으로 입증하려고 하는지 대강의 흐름을 작성한다.

고관대작들은 물론 집현전 학사들, 중에도 제 나라 임금을 업신여기고 명나라 눈치를 보는 데 이골이나, 모든 판단 기준을 오로지 명나라의 심기를 거스르지 않는 데 두는 자들이 태반이었다.

중국의 한자를 빌려 쓰지 않고 우리나라 독자적인 한글을 창제했기 때문에 백성들도 한글로 된 글을 통해 많은 지혜의 정보를 얻었을 수 있었고 명나라에 대한 종속적인 관계도 벗어났을 것으로 생각된다. 구텐베르크 보다 700년 앞선 직지의 발견으로 직지가 어떻게 만들어졌는지 과정을 역 추적하여 보안 속에서 만들어진 한글 창제 과정을 입증하고자 한다.

Q4. 연구 활동을 위해 어떤 연구 방식을 사용할 것이며, 연구 중 필요한 자료는 어떻게 수집할지 작성한다.

A4. 직지 책을 읽고, 관련 내용을 조사하여 시론 및 의의 이론적 배경-연구에 관련된 여러 이론과 선행 연구 등 본론을 내세워 결론을 맺는다. 필요한 자료는 『직지 이야기』 박상진. 태학사. 2013. www.yputube.com에서 수집한다.

Q5. (현재까지 생각한) 보고서 작성에 활용한 책이나 논문 등의 자료 명칭을 기재한다.

A5. 『직지』 김진명. 샘앤파커스. 2019

4. 『영화는 끝나도 음악은 남아있다』 고형욱 / 사월의 책

Q1. 책을 고른 이유에 관해 쓰시오.

A1. 음악이 없는 영화를 상상할 수 있을까? 영화음악의 중요성에도 불구하고 '영화음악에 관한 책'은 거의 없었다. 영화음악을 단순히 영화에 부차적인 요소로 여긴 탓이다. 『영화는 끝나도 음악은 남아있다』는 이러한 편견을 넘어서 영화와 영화음악이 떼려야 뗄 수 없는 관계에 있다는 것을 보여준다. 영화음악 한 곡 한 곡이 만들어진 배경을 탐색하고 그 곡들이 영화에 쓰인 장면을 묘사하며, 영화음악과 영화가 어떻게 하나가 되는지를 알고 싶어 책을 선정했다.

Q2. 책을 읽고 찾은 정보에 관해 쓰시오.

A2. 이 책은 〈오즈의 마법사〉〈바람과 함께 사라지다〉〈카사블랑카〉부터 〈화양연화〉〈물랑루즈〉〈맘마미아!〉에 이르는 위대한 고전영화 50편에 담겨있는 영화음악을 소개한다. 고전 영화에 흐르는 영화음악에는 오래된 추억이 들어있다. 영화음악은 그 영화를 본 순간과 장소, 함께한 사람들에 대한 세세한 기억까지도 한순간에 떠오르게 하는 마력을 지녔다. 영화음악을 통해 과거의 기억을 나누고 추억을 되새기면서 영화음악이 삶에 주는 가치를 찾아볼 수 있다.

음악은 영상보다 기억에 오래 남는다. 영화가 끝나도 극장에는 아직 뭔가 살아있다. 영화의 이야기가 잊혀도 강렬한 캐릭터는 머릿속에 남듯이, 영화를 본 기억이 잊혀도 영화음악은 귓가에 남아 있다. 저는 책을 읽고 이전에 제가 본 영화들을 다시 생각하면서 하나 둘 들려오는 음악들에 귀를 기울인다. 영화음악과 추억의 틈바구니에서 인상과 느낌을 생각해본다.

책을 통해 영화 속 장면들에 대한 섬세한 묘사를 통해 마치 영화를 직접 눈으로 보고, 음악을 직접 귀로 듣는 듯한, 느낌과 영화와 영화음악, 추억이 한곳에서 생성되는 정보를 얻었다.

Q3. 책을 읽고 난 후 자신의 변화에 관해 쓰시오.

A3. "오래된 팝송은 우리가, 그 노래를 즐겨 듣던 과거를 회상하게 하고 우리를 그 시절로 되돌려 보낸다. 영화음악은 더더욱 그러하다. 감동적인 영화음악은 시공간을 거슬러 영화를 보던 바로 그 극장, 바로 그 순간 까지로 우리를 되돌아가게 만들기 때문이다. 감동의 순간을 눈앞에 생생하게 재현해준다는 점에 영화음악의 마력이 있다.

영화음악이 어떻게 소리를 만들 수 있는지 궁금해서 『소리 혁명』을 읽어보았다. 영화를 보면서 정면에서 들리는 소리를 압도적으로 중요하게 받아들인다. 우리를 흥분시켰던 영화 속 소리도 정면의 오른쪽에서 왼쪽이거나, 정면의 왼쪽에서 오른쪽으로 흐르던 소리다. 그러므로 극장의 음향 수준은 스크린 뒤에 설치한 전면 스피커가 결정한다고 단언해도 과장이 아니다. 사람이 인지하는 소리의 70% 이상은 전면에서 온다는 사실을 알게 되었다. 그리고 성공하는 영화에 영화음악은 얼마나 경제적 가치가 있는지 살펴보는 계기가 되었다.

책을 읽고 난 후 다른 분야의 기초 역량을 확장하고 싶어 관련된 책을 찾아 읽거나 제가 진로를 정한 경영과 연관 지어 생각하는 습관이 형성되었다.

5. 『고독』

Q1. 작가 소개 및 시대적 배경 알아보기

A1. 이태준 (1904~ ?)소설가. 호는 상허(尙虛). 강원도 철원 출생. 1925년 <시대 일보(時代日報)>에 '오몽녀(五夢女)'를 발표하여 등단함. 1933년 일제 탄압으로 카프(KAPF) 중심의 경향문학이 퇴조하자 이태준은 순수문학을 표방하면서 박태원, 이효석, 정지용 등과 '9인회(九人會)'를 조직하면서부터 작품 활동에 전념하여, 일제 말에 이르기까지 많은 작품을 발표하며 순수문학을 이끌었다.

Q2. 수필에 드러난 필자의 경험과 깨달음은 각각 무엇인가?

A2. 이 수필은 뎅그렁! 가끔 처마 끝에서 풍경이 울린다는 말로 분위기를 잡는다. 그리고 이어 산에서 마당에서 벌레 소리가 비처럼 온다고 한다. 필자의 경험에서 나오는 감각적 표현이다. 그리고 옆에서 자는, 가족의 숨소리, 그 중에서 아내의 숨소리가 제일 크다. 아기들의 숨소리는 하나는 들리지도 않는다.
이들의 숨소리는 모두 다르다. 지금 섬돌 위에 놓여 있을 이들의 세 가지 신발이 모두 다른 것과 같이, 이들의 숨소리는 모두 한 가지가 아니다. 모두 다른 숨소리들은 모두 다른 이들의 발소리들과 같이 지금 모두 저대로 다른 세계를 걸음 걷고 있다. 이들의 꿈도 모두 그럴 것이다. 아내와 아기들의 숨소리, 섬돌 위 신발들, 다른 숨소리와 다를 발소리, 다른 세계와 그럴 꿈, 작가는 나는 무엇을 생각하고 앉았는가 하고 물으며, 그들을 깨우기만 하면 외로움이 물러날 수 있다는 깨달음을 얻는다.

Q3. 내용 깊이 와 닿는 표현 (구절)문장, 그 이유에 대해 말하세요.

A3. 고독 수필을 읽으며 이 부분이 인상 깊었습니다. "아내와 아이가 옆에 있되 멀리 친구를 생각하는 것도 인생의 외로움이요, 오래 그리던 친구를 만났다면 친구가 도리어 귀찮음도 인생의 외로움일 것이다". 이 수필은 결국 쓸쓸하고 고요한 데로 돌아가야 할 것 아닌가 하고 끝난다. 사랑하는 아내와 아이가 옆에 있으면 행복할 수 있을 터인데 인생이 외롭다는 표현을 쓰다는 것은 조금은 아이러니하다.
나는 보고 싶은 사람이 없을 때 외로운 생각이 들었는데 작가는 보고 싶은 사람이 옆에 있는데 외로움이라고 했습니다. 그리고 오래 그리던 친구를 만났는데 도리어 귀찮음도 외로움으로 표현했습니다. 여기서 저는 외로움은 마음의 생각이라는 은유적 표현을 인용해보고 싶습니다. 사랑하는 사람, 갖고 싶은 것을 얻었을 때 우리는 그 순간이 행복할 수 있겠지만 또 다른 것을 얻고 싶은 인간의 욕망이 있다는 것을 이해할 수 있었기 때문이다.

5. 『고독』

Q4. 내가 필자였다면 어떠했을까? (달라졌을 부분에 관해 서술)

A4. 저는 중학교 졸업식 때 가족과 찍은 가족사진을 휴대전화에 간직하고 있습니다. 수필 고독을 읽으면서 가족의 장면이 나와서 휴대전화를 열어보았습니다. 사진에는 아버지와 어머니 그리고 동생이 웃음 띤 얼굴로 행복한 모습으로 서 있습니다. 제가 작가였다면 사랑하는 가족을 보고 외로움을 느끼지 않았을 것입니다. 아마도 좋은 추억을 만들어 가며 가족에 대한 정을 쌓아가지 않았을까 생각이 든다.

친구에 대해서도 그렇습니다. 정말 오래간만에 만나 친구는 귀찮은 것보다 과거의 추억을 생각하며 많은 대화를 나눌 수 있을 거로 생각이 든다.

제가 작가의 시각에서 고독을 봤다면 진짜 외로움은 함께 하고 싶은 사람이 없을 때 느끼는 거로 표현하고 싶고, 보고 싶을 때 외로운 것이 아니라 보고 싶은 사람이 없을 때 외로움을 느낀다고 글을 작성했을 것이다. 어쩌면 그렇게 단란하고 행복한 가족의 모습으로 그리운 친구의 소중함으로 글이 달라졌을 것이다.

Q5. 수필을 읽고 느낀 점을 쓰시오.

A5. 작가는 수필 고독에서 인간적 고독을 말했습니다. 한데 그의 인생의 역운(歷運)에 비춰 본다면, 그 인간적 고독도 희망에 부풀어 있을 때의 행복 속의 고독이었다. 어떤 뜻에서 그것은 문학적 고독 이라고도 하겠다. 문학적 상념 으로서의 고독이란 말일 것입니다. 작가는 다른 데서 성격이 다른 고독을 말하고 있는 것 같다. 이것은 예술가 또는 작가의 고독으로 생각하고 싶다. 예술, 문학의 천직이 요구하는 고독이라 해야 하고, 그것은 하나에서 다른 것을 보는 창조의 고독이라 이해하고 느끼고 싶다.

아내의 숨소리는 아이들의 숨소리에 비해 크다고 했다. 그리고 아이들의 숨소리는 하나도 들리지 않는다고 했다. 아내의 숨소리를 통해 세속에 고단한 삶을 나타내고 아이들의 들리지 않은 숨소리를 통해 세속을 향해 나아가는 과정으로 생각하고 외로움을 느낀다. 그리고 그들을 깨우기만 하면 외로움은 물러난다고 했다. 가족이 깨어 있다는 것은 모든 어려움을 함께 짊어지고 함께 한다는 것을 느낄 수 있다.

친구에 대해서도 같은 표현을 했습니다. 멀리 떨어져 있는 친구를 만나면 그리움이 쌓이는 것이 아니라 귀찮아진다는 표현을 썼다는 것은 만날 때 헤어질 것을 앞서 생각하는 것이 아니냐는 생각이 든다. 외로움에 대한 작가의 표현을 시 "홀로 서기" 에 나온 구절로 인용해보고 싶다. 만날 때 헤어질 것을 준비하는 우리는 아주 냉담하게 돌아설 수 있지만, 시간이 지나면 지날수록 아파지는, 가슴 한구석의 나무는 심하게 흔들리고 있다" 고독 속에 나오는 외로움을 이렇게 느낄 수 있었다.

6. 우상의 눈물 / 전상국

[내용요약]

새 학년이 시작된 고등학교 2학년 학급. 자율이란 말로 학생들을 묶으면서 군림하고 싶은 담임. '나'(이유대)는 임시 반장을 맡게 된다. 이것이 최기표에게 '메스껍게' 보여 린치를 당한다. 대부분 아이는 선량하지만, 한쪽에는 이른바 재수 파(再修派)가 있다. 한 학년 씩 유급을 당한 아이들인데 그들의 중심에 최기표가 있다.

담임은 '나'에게 반장을 계속 맡아 달라고 했지만 '나'는 임형우를 추천한다. 담임이 학급을 위한 조언(고자질)을 부탁하나 '나'는 부당함을 인식하고 말하지 않는다. '형우'가 반장이 되고, 그와 담임의 노력으로 학급은 일사불란한 항해를 계속한다.

'기표'는 학생들을 폭력으로 장악한다. 그러나 의욕에 찬 담임교사가 '기표'를 길들여 나가기 시작한다. 우선 '기표'를 재수 파들로 부터 고립시킬 계획을 세운다. 담임의 묵인 아래 모범생들이 '기표'의 시험을 돕기로 한다. 커닝 쪽지가 그에게 전달된다. 이것이 '기표'의 비위를 상하게 하여 '형우'는 그에게 린치를 당하고 병원에 입원하지만, 가해자를 끝내 숨겨 줌으로써 의리의 영웅이 된다. 매혈(買血)한 돈으로 '기표'의 생활비를 대주었던 재수 파들이 '형우'에게 용서를 빈다.

'기표'의 어려운 가정 사정과 재수 파들의 미담이 담임 때문에 과장되고 미화되어 알려진다. '기표'는 효자(孝子)로, 재수 파들은 희생적이고도 의리가 깊은 친구로 둔갑한다. 월요일 조회 때마다 사회 각계에서 보내온 성금과 위문 편지가 '기표'에게 전달된다. '기표'의 이야기는 영화화될 단계에까지 이른다. 그럴수록 '기표'는 부끄럼을 잘 타는 아이로 변하고, 아이들은 그를 이제는 무서워하지 않는다.

가출해 버린 '기표'가 여동생에게 남긴 편지에 "나는 무서워서 살 수가 없다."라고 쓰여 있었고, 담임은 영화사 사람들을 만나기로 했는데 자신의 계획을 '기표'가 무산시켰다며 신경질을 부린다.

6. 우상의 눈물 / 전상국

Q1. **수행 과제**

 질문 쓰기(질문은 1가지 만 써야 하고 여러 질문을 엮어서 한 문장으로 써서는 안 된다).   질문에 던진 이유를 설득력 있게 제시해야 한다.

[Q1]

 담임은 문제아인 최기표를 과장하고 미화하여 효자로 둔갑시킨다. 이 미담을 통해 사회 각계로부터 조명을 받아 영화사로부터 영화제작을 제안을 받지만, 여동생에게 무서워서 살 수가 없다는 내용을 남기고 기표는 가출해버린다. 영화가 무산되자 기표에게 담임은 화를 내는데 그 이유로 담임은 진심으로 기표를 위한 애정을 가졌던 것으로, 볼 수 있는 것인가? 아니면 담임의 보이지 않은 목적을 채우려고 했던 것인가?

[Q2]

 기표를 돕기 위한 커닝 쪽지에 자존심이 상한 기표가 형우에게 린치를 가해 형우는 병원에 입원하지만, 가해자가 기표 라는 사실을 숨긴다. 숨긴 이유가 형우도 담임선생님처럼 기표를 미담의 주인공으로 만들려고 했던 것인가? 아니면 기표와 재수 파들의 보복이 두려워서 입을 다물었던 것인가?

1. 꽃

[작가 소개]

김춘수(金春洙)

 시인. 경남 충무 출생. 사물의 사물성(事物性)을 집요하게 탐구하는 시를 주로 쓰며, 특히 시에 있어서 언어의 특성을 다른 어떤 시인보다 날카롭게 응시하며 존재론적 세계를 이미지로 노래하였다. 사물의 이면에 내재하는 본질을 파악하는 시를 써 "인식의 시인" 으로도 일컬어진다. 평론가로도 활동하기도 하였으며 주요 작품으로 <꽃>, <꽃을 위하 서시> 등이 있다.

Q1. 시대적 배경에 대해 알아보기

A1. 이 시는 사랑하는 사람들 사이에 널리 애송되는 시이다. 너와 나를 연인 관계에 놓인 사람으로 대치하여, 서로에게 의미 있는 사람이 되고자 한다는 사랑의 감정을 표현하고 있다고 해석한다. 그러나 이 시는 이런 평범한 연애 시의 범주에 안주하고 있는 작품이 아니다. 이보다는 더 넓은 의미가 있는, 인간 존재의 본질을 시적 언어로 형상화하고 있는 작품이다.   '하나의 몸 짓' 에 불과했던 의미 없는 것에서, 상호 인식을 통하여 의미 있는 것, 또는 존재의 가치를 확인할 수 있다는 진리를 형상적 으로 보여주고 있는 시이다.

 일찍이 하이데거는 인간의 이런 존재 인식의 수단을 언어라고 말한 바 있다. 즉, 언어를 '존재의 집' 으로 파악한 것이다. 여기서 언어라는 것은 단순한 일상어가 아니다. 그것은 일상어의 가장 정제된 형태로서의 시적 언어를 가리킴은 물론이다. 아울러 이 말은 인간이 시 또는 시적 언어를 통하여 자기 존재를 표현한다는 말이다.

Q2. 전체 내용 알아보기

A2.

내가 그의 이름을 불러 주기 전에는
그는 다만
하나의 몸짓에 지나지 않았다.
내가 그의 이름을 불러 주었을 때
그는 나에게로 와서 꽃이 되었다.
내가 그의 이름을 불러준 것처럼
나의 이 빛깔과 향기에 알맞은
누가 나의 이름을 불러 다오
그에게로 가서 나도
그의 꽃이 되고 싶다.
무엇이 되고 싶다
너는 나에게 나는 너에게
잊히지 않는 하나의 눈짓이 되고 싶다.

1. 꽃

Q3. 화자의 상황에 관해 설명하기

A3.

1. 제재 : 꽃

2. 주제 : 존재의 본질 구현에의 소망. 존재의 본질과 의미에 관한 탐구

3. 표현

① 소망을 나타내는 간절한 어조를 사용함.

② 존재의 의미를 점층적으로 심화 , 확대함.

③ 사물에 대한 인식론과 존재론을 배경으로 함.

④ 시구의 반복을 통해 시적 화자의 의지를 강조하고 있다.

 김춘수 시인의 꽃은 관계에 대한 아름다운 시다. 시인은 누군가의 이름을 불러 주었을 때 비로써 "꽃" 이 된다고 이야기한다. 꽃에 대비되는 개념을 "하나의 몸짓" 이고 "꽃" 이란 의미 있는 무엇인가라는 정 도로 이해할 수 있을 듯하다.

 이름을 불러 관계를 맺는다는 것은 상대가 나에게 다가와 무엇인가 가치 있는 존재가 된다는 의미이기 도 하다. 그렇기에 누군가를 어떤 식으로 만나는지는 나를 바꿔 가는 것과도 같다. 그런대, 그 관계의 시 작에는 "이름 부르기" 가 있다. 상대를 단순히 그냥 아무 의미 없는 것에서 이름을 부르며 의미를 부여하 기 시작하는 것이다. 생각해보면 우리는 관계 속에서 태어나고 재정립된다. 그런대, 그 관계(즉, 이름을 불러 줌) 덕분에서 나는 너에게 꽃이 되고, 너는 나에게 꽃이 된다니 이는 정말로 멋진 표현이다.

Q4. 감명 깊었던 부분에 관해 쓰시오.

A4. 너는 나에게 나는 너에게 잊히지 않는 하나의 눈짓이 되고 싶다.

Q5. 표현 방법 중 좋았던 부분과 그 이유에 관해 설명하시오.

A5. 내가 그의 이름을 불러 주었을 때 그는 나에게로 와서 꽃이 되었다.

좋았던 이유는 이름을 불러줌으로써, 그 사람의 존재감과 정을 느끼게 해주었기 때문이다.

Q6. 시를 읽은 후 나의 감상과 느낀 점을 쓰시오.

A6. 이름을 불러 관계를 맺는다는 것은 상대가 나에게 다가와 무엇인가를 가치 있는 존재가 된다는 의미 이기도 하다. 우리는 혼자서 살아갈 수 없는 존재이고 관계 속에서 자아를 정립한다. 우리를 모두 꽃으로 만드는 것이 서로 라는 것을 불교의 공(空) 사상을 떠오르게 하는 감상을 할 수 있었다. 관계없이 오롯이 개인으로만 존재하는 것은 사실 불가능하다는 것을 느낄 수 있었고, 이름 부르기 의 의미를 배울 수 있 는 소중한 경험을 하였다.

자신이 전공할 경영과 관련해 조선시대 경영 정책을 선정 후 조사

[Q1]. 주제를 선정하고 해당 주제를 연구하려는 목적을 서술한다. (학문적 의미)

"정조의 화성 건설의 상업적 의의" 로 선정하고 목적으로는 정조는 화성을 건설하면서 관청, 도로, 다리, 상가 등의 도시기반 시설은 물론 저수지와 둔전을 만들어 생산기반 시설을 완비한 결과 화성 건설로 경제적 기반과 상권의 확대 과정에 알아보고자 한다.

[Q2]. 그렇게 생각한 동기를 평소의 진로, 관심과 연계하여 서술한다. (개인적 동기)

서호의 물을 이용하여 서둔(西屯)을 경영하였는데 서둔은 정조가 화성을 건설한 후 수원을 경제적 기반이 튼튼한 자립적인 도시로 만들기 위해 운영한 국영농장 이었다. 정조는 새 도시 수원을 자립 도시로 육성하기 위하여 여러 가지 정책을 썼다.

특히 화성을 유지하고 관리하는데 드는 비용의 재원(財源)을 마련하기 위하여 둔전을 운영한 것이다. 저는 경영학에 진로를 정하고 거시적인 안목으로 도시개발을 하는 데는 경제적기반과 상업적인 활성화가 어떻게 이루어지는지 살펴볼 계기를 가질 수 있었다.

[Q3]. 연구를 통해 예상되는 결론과 그 결론을 어떤 식으로 입증하려고 하는지 대강의 흐름을 작성한다.

예상되는 결론으로 상업 진흥책을 살펴보면, 정조와 측근 신료 들은 조선 후기 사회·경제 발달의 성과에 유의하면서 그에 편승하여 경제적 기반을 마련하려 하였다. 삼남(三南)으로 향하는 중요한 통로인 수원에 새로운 상업도시를 건설하는 것은 조선후기 상업의 융성에 따른 상권의 확대 과정에 편승하는 것이었으며 서울의 도시적 발전, 그리고 서울 생활권의 확대에 연동된 경교(京校), 곧 수도권 확대의 추세를 가속하는 것이기도 하였다.

수원을 대도시로 발전시키기 위해 상업 진흥책으로 시전과 장시를 개설하며, 수공업과 관련 지어 상공업의 발달을 도모하고 나아가 무역독점권을 매개로 서울 상인을 유치 하려고 까지 했던 것은 당시 도시의 발달이 국제무역 발달과 연관되었던 상황까지도 의식한 정책이었다. 이 역사적 사실을 근거로 결론을 맺고자 한다.

[Q4]. 연구 활동을 위해 이떤 연구 방식을 사용할 것이며, 연구 중 필요한 자료는 어떻게 수집할지 작성한다.

선행연구(정조의 화성 경영 연구) 책을 읽고, 관련 내용을 조사하여 서론 및 의의 이론적 배경-연구에 관련된 여러 이론과 선행연구 등 본론을 내세워 결론을 맺는다. 필요한 자료는 학술 정보원, 서울시 교육청 정독도서관, 지산 초록 도서관 등에서 대출이나 국사편찬위원회, 조선왕조실록-정조실록, http://sillokhistory.go.kr을 통해 수집한다.

[Q5]. (현재까지 생각한) 보고서 작성에 활용한 책이나 논문 등의 자료 명칭을 기재한다.

『정조의 화성 경영 연구』 최홍규. 서울 일지사 2005
『정조의 화성건설과 산업진흥책』한국 실학 연구. 2000.

자신이 전공할 경영과 관련해 조선시대 경영 정책을 선정 후 조사

[조사내용]

국가와 도시를 경영하는 데 있어서 가장 중점을 둬야 할 분야는 바로 인재양성과 이를 뒷받침하는 연구기관의 설치이다. 모든 생각과 훌륭한 계획과 기획은 사람이 하는 것이며 그것을 완성하는 것도 인간이기 때문이다. 인공지능 알파고시대라고 아무리 떠들어도 인재가 모든 것을 결정한다는 진리는 절대불변이다.

정조의 치적 가운데서 가장 먼저 뽑아야 할 것은 규장각의 설치이다. 정조는 1776년 3월10일 즉위하면서 가장 먼저 규장각 설치를 명하여 9월25일 창덕궁에 완공을 보게 되었다.

규장각은 역대 왕들의 친필·서화·고명(顧命)·유교(遺敎)·선보(璿譜) 등을 관리하던 곳이었으나 차츰 학술 및 정책 연구기관으로 변해갔다. 더 나아가 과거 시험과 초계 문신(抄啓文臣) 제도도 함께 주관하였다.

특히 초계 문신은 글 잘하는 신하들을 매월 두 차례씩 시험을 치른 후 상벌을 내려 재교육의 기회를 주는 제도였다. 따라서 학문의 진작은 물론 개혁을 뒷받침하기 위한 정조의 친위 세력 확대에 크게 이바지하였다. 이곳을 중심으로 인재를 양성하기 시작한 것이다.

서얼 출신 이덕무, 박제가, 유득공, 서이수 등이 검서관 으로 등용이 되어 북학과 다양한 선진 과학 문물을 탐구하였다. 이들과 교유한 실학자 이서구가 있었고 다산 정약용은 규장각에 소장되어 있던 청나라 서적을 참고하여 화성 건설의 기본 설계서를 완성할 수 있었다.

특히 정조는 즉위하면서 외국 서적을 구해오도록 하였다. 부국강병과 인문학 진흥을 위해서는 선진 자료를 확보하는 것이 무엇보다 중요하다는 점을 인식하고 있었다.

그리하여 북경에 사신으로 간 이은(李溵), 서호수(徐浩修) 등이 정조의 명령에 따라 1977년 2월24일 고금도서집성(古今圖書集成)》을 찾아냈는데 모두 5020권에 502상자였다. 그 값으로 은자(銀子) 2150냥을 지급하고 한양으로 수레에 실어 운반하였다.

그리하여 규장각의 장서는 고금도서집성(古今圖書集成)을 포함하여 약 8만여 권을 헤아렸다. 다산 정약용은 <고금도서집성> 책에 실린 16세기 유럽에서 고안된 '기묘한 기계' 들의 제작법 및 작동 원리를 다룬 책 <기기 도설>을 참고하여 거중기를 고안해낸 것이다.

1. 연개조사업

예로부터 치산치수는 천하지대본 이며 치산치수를 잘해야 나라가 융성한다. 산과 강 하천을 잘 다스려야 홍수피해와 가뭄 피해를 막고 자연환경을 잘 보호할 수 있으며 국토를 더욱 아름답게 꾸려 후대들에 물려줄 수 있다.

따라서 산림을 적극적으로 보호하고 조성하는 것은 나라의 경제를 발전시키는 데서 뿐만 아니라 자연 환경을 잘 꾸리며 나라의 면모를 아름답게 하는 데서 중요한 의의가 있다.

정조는 화성신도시를 건설하면서 성곽 축조는 물론 광교산으로부터, 흘러내리는 물을 이용하여 농업생산 기반을 마련하고자 하였다.

먼저 만석거는 1795년 3월1일 둑을 쌓기 시작하여 5월18일 완성되었다. 이 지역은 소금기가 있는 땅으로 멀리서 바라보면 모두 황량한 곳이었다. 마침내 진목정 아래에서 시내를 잘라 방죽을 쌓고 물을 채워 갑문(閘門)을 설치하여 물을 대기 이롭게 하였다.

관개할 때에는 널판을 열고 물을 내보낼 때 그 많고 적음을 적당히 하였다. 그 아래에 이익을 받는 논은 모두 고등말 북쪽 벌판이고 장안문 밖에서부터 새로 개간한 곳을 다 함께 대유평(大有坪)이라 하였다.

만석거[萬石渠] 남쪽 언덕 위에 정자 하나를 세웠는데 맑고 깨끗한 물을 내려다보고 기름진 들판을 바라볼 수 있으니 이 정자에 올라가 바라보는 경치는 호남을 뒤흔들 만하였다. 1796년 봄에 정조가 명령을 내려 그 정자를 영화정(迎華亭)이라 하고 수원부 유수 조심태가 쓴 편액을 걸었다.

1795년 우리나라 전역에 왕가뭄이 들어 농사를 망쳤지만, 수원의 만석거를 이용한 대유둔 벌판은 풍년의 기쁨을 만끽하였다. 이에 고무되어 정조는 안녕리에 만년제를, 화성 서쪽에 축만제를 건설하도록 지시하였다. 그리하여 화성 서쪽에 기왕의 만석거 보다 3배 정도 큰 축만제가 건설되었다. 축만제는 화성의 서쪽 여기산 아래 축조한 저수지로 1799년(정조 23) 내탕금(內帑金) 3만 냥을 들여 축만제둔(祝萬堤屯)의 관개시설로 만들어졌고 수문 2곳을 갖추었다.

몽리 면적은 232석락 으로 화성 주변의 인공 저수지 가운데 규모가 가장 컸다. 만석거와 만년제에 뒤이어 축조된 축만제는 천년만년 만석(萬石)의 생산을 축원히는 뜻하고 있다. 일명 서호(西湖)로 불리고 있으며 저수지 한복판에는 인공 섬을 만들어 화목을 심고, 가꾸어 해 질 녘 낙조 드리운 서호 '서호낙조(西湖落照)'의 아름다운 광경이 펼쳐졌다. 현재 서호는 상당 부분이 매립되었으며, 그 주변은 공원으로 개발되었다.

이서호의 물을 이용하여 서둔(西屯)을 경영하였는데 서둔은 정조가 화성을 건설한 후 수원을 경제적 기반이 튼튼한 자립적인 도시로 만들기 위해 운영한 국영 농장이었다. 정조는 새 도시 수원을 자립 도시로 육성하기 위하여 여러 가지 정책을 썼다.

특히 화성을 유지하고 관리하는데 드는 비용의 재원(財源)을 마련하기 위하여 둔전을 운영한 것이다. 수원의 농업 도시의 전통은 이처럼 220여 년 동안 이어져 내려온 것이다.

2. 상업과 교통의 중심도시

도시가 부흥하려면 교통이 편리 하여야 한다. 이를 바탕으로 수많은 지역에서 많은 물산이 모여들어 상업의 발달로 이어져 사람들이 웅성거리게 된다. 정조가 수원신도시를 반계 유형원이 지적한 대로 넓고 평평하고 교통이 편리한 팔달산 동쪽에 자리 잡은 이유도 바로 실학 정신의 실천이었다.

또한, 수원으로 오는 행차 길을 힘들게 남태령을 넘게 되는 과천로를 버리고 시흥로를 택한 것도 바로 평평하고 이동의 편리성을 택한 것이다. 그리하여 어머니 회갑연이 열리는 1795년부터 시흥을 통해 신작로가 건설되어 '1번 국도'가 원형이 생겨나는 것이다.

정조는 상업을 부흥시키려고 조치를 했는데 수원부사 조심태는 새 고을에 점포를 설치하는 일에 대해 본고장 백성 중에서 장사 물정을 아는 사람을 골라 이자(利子)가 없는 돈 6만 냥을 떼어내 고을 안에서 부자라고 이름난 사람 중에 받기를 원하는 자에게 나눠주어 해마다 그 이익 나는 것을 거두게 하되, 3년을 기한으로 정하고 본전과 함께 거두어들일 것을 건의하였다. 더하여 조포사(造泡寺) 중들의 생활을 향상하고자 그들에게도 돈을 빌려주어 종이신[紙鞋]을 만드는 본전으로 삼게 하였다.

1800년대 당시 중심 상권은 종로를 중심으로 한 북수동 일대의 상설 점포인 시전 상가와 반영구적인 가가(假家)시장이 있었다. 이것이 이른바 우리가 이야기하는 '성내 시장' 인 것이다. 그리고 이보다 규모가 작은 시장이 팔달문 밖에 있었다. 바로 '성외시장' 인 것이다.
한편 화성을 부흥시키기 위하여 교통의 중심을 양재역에서 수원의 영화 역으로 옮기는 조치를 하였다.

삼남으로 가는 길은 원래 양재역을 시작으로 광주와 용인을 거처 죽산으로 통하는 길이었다. 그러나 정조는 1796년 화성 성역이 마무리될 즈음에 양재역을 영화 역으로 고치고 역참[郵治]을 화성 북문 밖에 옮겨 설치하였다 이는 수백 년 이상 삼남지방으로 물자와 사람들이 오가던 '길'에 대한 혁명적 변화였다. 이로 인하여 지금 '1번 국도' 로 불리는 원형이 태어난 것이다. 이런 변화로 광주지역과 용인지역보다는 수원이 더 발전할 수 있는 토대가 마련되었다. 이는 양재역을 시발로 판교의 낙생역을 거쳐 용인을 통해 죽산, 안성, 평택으로 갈라지는 기존 도로의 개념이 수원을 중심으로 개편된 것을 의미한다.

영화역의 조성으로 수원이 삼남으로 가는 요충지가 됨으로써 행궁 앞 중심에 십자로의 조성되고 창룡문을 통해 광주로 가는 도로가 조성되고 장안사거리는'T'자형 도로로 이곳에서 화서문을 통해 안산으로 통하는 도로가 되었으며 팔달문을 조금 지나 동쪽으로는 용인으로 향하고 사도세자가 묻힌 안녕리까지는 능행길이, 그 옆으로는 병점을 지나 오산을 거쳐 진위. 평택으로 가는 도로가 조성된 것이다.
이에 따라 수원은 삼남은 물론 서울, 광주, 용인, 안산, 남양, 안성 등으로 사방팔방 뻗어가는 교통의 중심이 되고 물산이 모여드는 상업의 구심점이 되었다.

3. 도시 조경과 숲의 도시

숲은 생태환경의 보고이며 인간 생존에 필요한 많은 자원을 제공한다. 숲은 인간에게 휴식처를 제공하면서 정신적 안정감을 주고 공기 중의 미세먼지 등의 오염물질을 정화하거나 물의 양을 조절하여 홍수나 가뭄의 피해를 줄여준다.

침엽수 등은 살균작용을 하는 물질을 내뿜어 약효도 또한 지니고 있다. 따라서 숲의 조성은 예나 지금이나 우리가 지속 가능한 도시와 국가를 만드는 데서 필수적이고 무엇보다 우선 되어야 할 가치이다.

정조는 화성을 건설하면서 관청, 도로, 다리, 상가 등의 도시기반 시설은 물론 저수지와 둔전을 만들어 생산기반 시설도 완비하였다.

뿐만 아니라 도시 조경도 또한 중요시해 도로변에 수많은 나무를 심었다. 버드나무, 뽕나무, 개암나무, 밤나무를 가리지 말고 무조건 나무를 널리 심어 숲을 이루어서 울창하게 경관이 달라지는 효과가 있게 하는 것이 또한 먼저 해야 할 일이라며 고을 소재지와 역마을 집마다 나무를 심는 일을 장려하였다. 그리하여 조시 조경의 측면에서 소나무, 뽕나무, 측백나무, 느릅나무, 오동나무, 가래나무, 버드나무, 연, 대나무 등을 심었다.

수원추팔경 중 미로 한정에서 국화를 완상하는 '한정품국", '수원팔경'중 '북지상련' 즉 북지에 곱게 피어난 연꽃 등은 수원의 대표적인 꽃이었다.

소나무는 지금도 '노송 지대'로 남아 있고 옛 그림과 어른들의 증언에 따르면 창룡문 지역과 운동장 사거리부터 만석거 사거리까지의 도로는 낮에도 걷기에 무서우리 만치 울창한 소나무가 빽빽 하였다고 한다.

정조는 신도시를 건설하면서 도시를 조경을 측면으로 남지, 동지, 북지, 용연 등의 인공 연못을 팠다. 이 인공 연못의 조성으로 수문과 배수의 역할은 물론 각종 꽃과 나무를 심어 도시의 미관을 한층 격조 높게 한 것이다.

4. 미완의 신도시 '화성'

정조의 꿈은 49살이 된 1800년에 종기로, 사망함으로써 '미완의 꿈' 이 되었다. 1804년에 왕위를 아들 순조에게 물려주고 화성으로 내려와 어머니 혜경궁 홍씨와 말년을 보내고자 했던 구상도 이루지 못하였다.

정조의 화성 건설은 아버지 사도세자 신원을 이루고자 했던 '사적인 염원' 에서 출발하였지만 '화성' 은 18세기 조선의 과학 건축 기술이 집약되고 자연 친화적인 도시를 지향하는 '공적 공간' 으로 남아 있고 1997년 유네스코 지정 세계문화유산이 됨으로써 우리나라라는 지역적 범위를 넘어선 전 세계 인류가 함께 아끼고 지켜야 할 자랑스러운 유산이 되었다.

보고서를 간략하게 작성하는 방법 2가지를 알려드리겠습니다. 우선 결론부터 말하고 이에 대한 근거 (사례)를 들고, 마지막에 주장하는 식으로 작성하는 것입니다.

1. 우리나라가 지체 개발한 수리온 비행기 현장체험을 갔다 온 후 보고서 작성 예입니다.
결론: 결론부터 말하자면, 비행기를 제작하는 데는 많은 과학적 원리가 적용된다는 것입니다.

근거: 작용반작용법칙, 베르누이의 원리, 파스칼의 원리가 서로 융합되어 제트기 속에서 하나의 기술로 통합되어 비행기로 만들어진다는 것입니다.

주장: 4차 산업 시대에서는 하나의 학문이 아닌 인문학과 과학이 융합되어 창의적인 활동이 이루어지는 시대이므로 비행기 만드는 과정을 통해 융합적인 사고능력을 키울 수 있었습니다.

2. 영어를 수업에서 배운 후 보고서를 작성한 사례입니다.
결론: 결론부터 말하자면 영어를 공부하기 위해서는 어느 정도 공부 기능을 알아야 한다는 것입니다.

사례: 저는 꾸준히 단어를 반복 학습하며 큰 소리로 발음해보며 외운 단어를 몇 개씩 구조화(묶어서) 문장을 만들어 보는 연습을 했습니다. 가령 doctor, purpose(목적), operation(수술)을 머릿속에서 끄집어 내여 "의사가 수술한 목적은 무엇인 가"를 영작해보았습니다. 우선 무엇(what)이 나오고 동사(is 이다)를 생각했습니다. 그리고 의사가 수술한 목적에 대해 선생님께서 말씀해주신 "서울시 "명사+전치사(~의 of+명사 가 떠올랐습니다. 뒤에 명사가 앞으로 가고 가운데 전치사가 오고 뒤에 앞에 있는 명사가 뒤로 간다고 설명하신 모습이 이미지화로 떠올랐습니다. 그래서 다음 문장이 What is the purpose of the doctor"s operation? 만들어졌습니다. 또한, 저는 pattern식 영어를 통해 주어진 문장을 다른 단어로 바꾸어 많은 표현을 익혔습니다. 예를 들면 How much is it? much대신 cold로 대치하여 How cold is it? (얼마냐 추우니?) 등으로 만들어 표현해볼 수 있었습니다.
 그리고 문장을 직독직해로 끊어서 해석과 동시에 영작도 해보았습니다. Did you ever stop to think / How important water is?// All animals and plants / are mostly water.// A person"s of body is / about 65% percent water.// 멈춰 생각해 본 적이 있는가?/ 물이 얼마나 중요한지.// 모든 동물과 식물은/ 대부분 물이다.// 사람의 몸은/ 약 65%가 물이다// 기존 문법에 의존하지 않고 영어와 친구가 될 수 있는 기초를 만들어 낼 수 있었습니다.
주장: 그래서 영어공부를 위해 우선순위를 영어에 두고 자신감을 가지고 꾸준히 학습하는 인내력을 배울 수 있었습니다.

『간단하고 핵심만 쓰는 글쓰기』
글을 쓸 때 4가지만 머릿속에 담아 두세요. 2가지 방법이 있다.
1. 의견 주장하기 →이유와 근거→ 예시→ 의견 강조, 제안하기
2. 결론 →이유, 근거 →사례 →의견 및 요청

사례

『**간단하고 핵심만 쓰는 글쓰기**』
글을 쓸 때 4가지만 머릿속에 담아 두세요. 2가지 방법이 있다.
1. 의견 주장하기 →이유와 근거→ 예시→ 의견 강조, 제안하기
2. 결론→ 이유, 근거→ 사례→ 의견 및 요청

[사례1]
<의견 주장하기>
 대학에서 좋은 점수를 받기를 원하신다면 좋은 멘토를 선정하세요.

<이유와 근거>
 왜냐하면, 멘토는 학습하는 데 많은 도움이 되기 때문입니다.

<예시>
 학교생활을 활발하게 하며 다양한 정보를 공유하는 멘토가 주변에 있습니다.

<의견 강조, 제안하기>
 도움이 되는 멘 토가 필요하면 학교 선배나 과목 교수님을 통해 알아볼 수 있습니다.

[사례2]
<결론>
 열정과 꾸준함을 가지고 토익에 도전해 성과를 만들어 냈다.

<이유, 근거>
 교수님께서 토익에 자주 출제된다고 하는 내용만 반복 학습을 했다.

<사례>
 문제를 풀어보니 문법은 해석하지 않고 자주 내는 문제만 풀어 보아야 한다는 생각을 하게 되고, 독해는 주어진 문제를 지문에서 어떻게 빨리 찾아 답을 정해야 한다는 생각이 들었다. 듣기는 어휘가 다소 약하더라도 기술만 잘 적용하면 단시간에 점수가 나올 수 있다는 자신감을 얻었다.

<의견 및 요청>
 교수님의 강의를 통해 토익을 공부하는 방법을 알게 됐다. 토익을 준비하는 다른 학우들도 도전의식을 가져 보길 기대한다.

진로 탐구 보고서

탐구자	학번	이름
탐구 기간	2020. . (요일) ~ 2020. . (요일)	##일간

체험 장소	항공 캠프	체험 활동	수리온 탐방
참여 동기	군사학과에 관심이 있어 창의항공캠프를 통해 KAI를 방문해 FA-50과 같은 전투기의 생성 단계 및 앞으로 개발 준비 중인 무인기와 전투기에 대해 체험해 보고, 전공에 도움이 될 수 있다는 생각을 하고 참가하게 되었습니다.		
체험 내용	1. 우리나라가 자체 개발한 '수리온'을 보며 기술력에 대해 뿌듯함을 느낄 수 있었고, 사람의 접근이 어려운 곳에 투입되는 '무인기'는 공군과 육군이 공유할 것으로 앞으로의 군사력 발전에도 크게 이바지할 것으로 생각되었습니다. 2. 작용 반작용, 베르누이의 원리, 파스칼의 원리 등 많은 과학적 원리들이 제트기 속에서 하나의 기술로 통합되어 있었다는 사실을 알게 되었습니다. 3. 제트기의 엔진은 크게 '흡입, 압축, 연소, 배기' 순으로 작동한다는 점에서 자동차의 피스톨 운동과 원리가 같다는 것을 이해할 수 있었습니다.		
배우고 느낌 점	1. 우리나라 항공 발전 가능성과 그 발전을 위한 기술력이 정교했다는 것을 배웠습니다. 2. FA-50과 같은 전투기의 생성 단계 또한, 앞으로 개발 준비 중인 무인기와 전투기에 관한 설명을 들으면서 앞으로 발전하는 우리나라의 항공 기술에 대해 무한 발전할 수 있다는 사실을 느끼게 되었습니다. 3. 제트기는 압축단계에서 베르누이 원리가 사용된다는 점을 알게 되었고, 이 원리를 통해 전압은 항상 일정하다는 것을 깨닫고 융합 적인 공부를 해야 할 필요성을 알게 되었습니다.		

진로 탐구 보고서

나의 롤 모델 탐구	
롤모델 이름 / 하는일	김대식 1969.KAIST 전기·전자공학부 교수(52). 독일 막스플랑크연구소 뇌과학 박사. 12세 때 독일로 이민 갔다. 미국 MIT에서 박사 후 과정을 밟고 일본 이화학연구소에도 몸담았다. 미국 미네소타대와 보스턴대에 서 가르쳤다. 1.5㎏ 고깃덩어리 에 불과한 인간 뇌는 들여다볼 수 없으므로 뇌과학은 결국 철학이라고 믿 는다.
롤모델로 삼은 이유	미래를 내다보며 자율주행차와 인공지능, 알파고 등을 연구하며 나에게 4차 산업 시대 진로에 대해 방향성과 로드맵을 제시해주어서 롤 모델로 삼고 있습니다.
롤 사례 조사 내용	1. 롤 사례의 좌우명과 일에 대한 가치관: 좌우명으로는 "인간은 언제나 이야기에 집착하는 걸까?" 이고, 일에 대한 가치관은 뇌의 원리를 이해하고, 뇌의 작동 원리를 응용해서 인공지능을 만들어 그 인공지능과 철학적 대화를 나누는 희망을 가치관으로 삼음. 2. 롤 사례의 꿈을 갖게 된 계기와 성장 배경: 독일에서 고등학교를 졸업하고, "괴델 에셔 바흐상" 이란 책을 읽고 인공지능이란 단어를 처음으로 배웠고, 결국 뇌를 연구하고 인공지능을 연구하는 계기가 되었다. 3. 롤 사례가 자신의 꿈을 이루기 위해 쌓아온 경력들:1999년 ~ 2003년:미국 미네소타대학교 의과대학 자기공명연구센터 조교수, 2003년 ~ 2009년 미국 보스턴대학교 생체의학이미지센터 부교수 2009년 ~카이스트 전자 및 전기공학과 교수, 2011~2012 카이스트 전자, 전기 부학과장 4. 성공하기 위한 중점 포인트: 자신이 관심을 가졌던 분야에 관해 5권의 책을 읽고 뇌과학 분야 전공 "괴델 에셔 바흐상", 이기적 유전자, 율리시즈(1~2권), The following story.
롤모델로 삼은 이유	롤 사례는 고등학교 때 대학을 가기 위해 책을 보던 중 인공지능이란 단어를 처음 접하고 자신의 전공 분야를 뇌과학으로 정하는 모습을 보게 된다. 롤 사례와 비교해서 나의 장점을 말하자면 진로에 대해 다양한 경험을 해보고 싶다. 설령 내가 과학 분야를 전공할지라도 인문학에도 관심을 가지고 학문을 융합적으로 공부하고 싶다는 면을 들고 싶다. 단점으로는 김대식교수는 학문을 인류를 위해 연구를 계속해오고 있는데, 저는 제가 하고 싶은 일만 희망을 품었다는 것에 대해 부족함을 느낀다.
롤모델로 삼은 이유	인공지능이 인류에 존재론적 위협이 되는 것에서 그리고 인공지능 시대인 4차 산업 시대에서 살아남을 수 있는 직업을 가지기 위해서는 건강한 뇌를 가져야 한다는 것을 알게 되었다. 그리고 우리가 유토피아를 만들 수도 또는 디스토피아도 만들 수 있다는 사실을 느끼고 배울 수 있었다.
롤모델로 삼은 이유	진로에 대해서 좋은 학교와 인기 있는 학과만 선호하는 사회적 분위기에서 롤 사례를 찾아보면서 많은 것을 배울 수 있었다. 우선 책을 많이 읽고 자신만의 서재를 갖고 있다는 것은, 다른 사람들의 경험을 배울 수 있다고 생각한다. 그리고 주변에서 많은 정보를 접할 수도 있지만, 독서를 통해서 자신이 좋아하는 것에 대해 창의적인 생각을 배울 수 있다는 사실을 알았다. 그리고 책이 내 인생을 안내해주는 동반자라는 것을 느낄 수 있었다.

진로 탐구 보고서

나의 롤 모델 탐구

앞으로 다가올 4차 산업에 대해 나의 진로 설계에 어떤 영향을 미칠 수 있는지, 또 어떤 학과를 선택해야 할지 와 예상되는 진로와 변화에 대해 살펴보고 나의 소감문을 쓰고자 한다.

4차 산업혁명으로 다가올 커다란 변화 5가지를 조사했다. 첫째, 제조업의 변화이다. 모든 생산과 물류가 점점 자동화 되어가며 이전 과도 비교도 안 될 정도의 생산성을 구축하게 되었다. 3D 프린팅과 같은 4차 산업기술은 이제 집에서도 제조업이 가능한 스마트 공장을, 현실화하여 기존의 자본가들과 경쟁할 수 있는 시대가 도래하게 되는 것이다. 둘째, 로봇의 발달이다. 인간을 도와주는 로봇의 발달로 인해 위험한 직업, 청소, 노인 보조 등 인간이 하기 다소 어려운 일에서부터 단순한 직업, 장기적으로는 다소 복잡한 작업까지도 로봇이 대신해 줄 수 있는 시대가 열리고 있다. 로봇에 탑재되는 AI 기술은 최근 알파고 대국을 통해 딥러닝의 기술력이 증명되기까지 했다. 다만 무서운 부분은 전쟁이나 테러와 같이 생명과 연결되는 분야에도 로봇이 활용될 것으로 예상되며 이미 많은 전쟁용 로봇들이 개발되어 전쟁 지역과 같은 위험한 곳에 투입될 것이다. 셋째, 비트세계와 아톰세계의 융합이다. 비트세계와 아톰세계의 융합 4차 산업혁명으로 인한 기술의 발달로 인하여 비트세계가 일컬어지는 온라인상의 세계와 아톰세계라고 일컬어지는 현실 세계의 산업은 하나가 된다. 실제로 VR과 3D 프린팅과 같은 기술로 인해 온라인상의 정보와 기술이 현실상의 직접적인 결과로 이어지고 아톰세계의 발전을 더욱 가속화 하고 있다. 즉 현실의 나와 온라인상의 내가 하나가 되어 여태껏 경험해 보지 못한 놀랍고 새로운 경험을 하게 될 것이다. 넷째, 의료서비스 변화이다. 4차 산업혁명의 혁신적인 변화 중 가장 대표적인 것이 바로 인공지능의 발전이다. 이는 의료서비스에도 그 영향을 끼치고 있는데 대표적으로 IBM에서 개발한 AI 의사 왓슨은 현재 고도의 정보망 및 기술력으로 환자 개개인에게 맞는 양질의 의료서비스를 제공 중이다. 왓슨은 세계 곳곳의 병원들에서 현재 암 환자를 진료 중이다. 앞으로 더 많은 생명을 살릴 수 있게 된다는 이야기이다. 마지막으로, 일자리 감소와 기본소득금이 지급되는 것이다. 일자리 감소와 노동이 줄어드는 삶 AI 기술과 자동화 시스템은 동전의 양면과 같이 인간의 일자리 감소를 불러일으킨다. 이는 인류에게 큰 불안감을 초래하고 있다는 것이 사실이다. 그러나 이는 단순 반복적인 노동 강화가 힘들었던 분야들이 모두 자동화로 대체되어 로봇들이 일하게 되고 인간은 노동으로부터 해방되어 기본소득금을 지급받게 되는 이전까지 와는 전혀 다른 사회체계로 발돋움하는 과정일 수 있다. 하지만 이는 충분한 사회적 합의를 통해 진행되어야 할 것이다.

위의 사례를 근거로 4차 산업 시대에 성공하는 사람이 되기 위해서는 창의적 가치를 만드는 사람, 다르게 생각하고 다르게 행동하는 사람, 새로운 기술을 부지런히 배우는 사람, 한 차원 더 깊게 생각하고, 본인에게 맞는 방법을 찾는 사람이 되어야 4차원 세계를 지배하고 사는 사람이 될 수 있다고 생각한다.

인공지능 로봇으로 세상이 대체되고 심지어 인간이 하는 일을 로봇이 대신해 일은 로봇이 하고, 사람은 일하지 않고 편하게 먹고 노는 사회, 무언가를 성취하고 싶어도 방법이 없는 사회에서 인간의 가치는 무엇이고, 무엇을 위해 살아야 할지 인간의 존엄의 가치에 대해서 깊게 생각할 시간을 가졌다.

이에 따라 진로도 좀 더 넓게 보게 되었다. 지금은 의사와 변호사가 최고의 직업이지만 인공 의사 왓슨은 수술을 인간보다 더 완벽하게 해내고 치료 기간도 인간 의사에 비해 짧다. 또한, 자율주행으로 인해 교통사고도 많이 줄어들 것이다. 법률 문제도 인공지능이 모든 데이터를 저장하여 인간 변호사보다 더 정확한 판결 결과를 내놓을 수 있다. 앞으로 사라지지 않는 3가지 직업 군으로 첫째, 사회의 중요한 판단을 하는 직업으로 판사, 국회의원 둘째, 인간의 심리, 감성과 연결되는 직업으로 심리치료사, 정신과 의사 셋째, 새로운 데이터를 창조하는 직업이 사회적으로 존경을 받으며 살아갈 것이다.

저의 진로도 4차 산업을 대비해 이에 맞는 직업에 대해 더 많은 정보를 갖고 탐구하며 정해 나갈 것이다. 김대식 교수는 미래는 "예측하는 것이 아니라 만들어지는 것이라고 말했다."

진로를 기본적인 인문학과 과학을 융합하여 사고를 확장해가면서 학교 공부에 충실히 해가면서 진로를 선택하겠다.

진로 탐구 보고서

	매체를 통한 진로 탐구	
진로 탐구 활동 영역	매체 종류 : 책 매체 제목 : 『하버드 첫 강의 시간 관리 수업』 저자 : 쉬셴장, 출판사 : 리드리드출판	
탐구 활동을 하게 된 까닭	모든 사람에게 같은 환경에서 주어지는 시간을 어떻게 하면 효율적으로 사용할 수 있는지에 대해 알아보고 싶었다. 검색을 통해 많은 책 중에서 시간이라는 가치를 어떻게 활용하느냐에 따라서 우리의 인생이 결정된다는 내용을 담고 있는 이 책의 내용에 관심이 생겼다. 세계 최고의 인재들이 배우고 활용하는 시간 관리 방법을 이 책을 통해서 배울 수 있을 것이라는 기대감으로 탐구 활동으로 이 책을 읽게 되었다.	
탐구활동 내용	시간 관리를 잘하기 위해서 가장 중요한 것은 뚜렷한 목표가 있어야 한다고 강조한다. 아울러 그 목표는 첫째, 구체적이며 뚜렷해야 하고, 둘째, 현재 상황과 특기를 고려하여 실현 가능성 있어야 하며, 셋째, 연관성과 단계성이 있어야 한다고 말한다. 그리고 이런 조건을 기초로 목표가 설정되었다면, 자신의 시간을 적절하게 배치하고, 가장 중요한 업무를 가장 효과적으로 처리하는 데 최대한의 체력을 투자해야 한다는 것이 저자의 핵심적인 메시지다. 가장 가치 있고 중요한 일부터 하는 것이 중요하지만, 그 가치 있는 일을 해내기 위한 시간을 더 많이 확보하기 위해서는 가치 없는 일을 하는 시간을 제거해야 한다. 예를 들면 불필요한 물건을 정리하거나, 불필요한 약속을 거절하는 것도 시간을 확보하는 방법이다. 저자는 업무태도를 언급하면서 업무 태도는 자신의 잠재력을 끌어올려 열정적으로 업무에 임하게 만드는 원동력으로 설명한다. 또한, 적극적인 업무 태도는 추진력과 관계가 있다. 책임감의 크기는 업무 추진력의 크기를 결정하고, 진취적인 마음의 크기는 업무성과가 좋고 나쁨을 결정한다면서, 적극적이고 긍정적인 업무태도를 강조한다. 저자의 조언 중에서 가장 인상적인 것은 다른 사람들을 활용할 줄 알아야 한다는 대목이다. 모든 것을 혼자 해내야 한다는 편견을 없앨 수 있는 계기가 되는 조언이었다. 결국, 저자가 말하고자 하는 시간 관리의 핵심은 선택과 집중으로 요약된다.	
새롭게 알게 된 점	주변에 있는 사람들이 제시간에 해야 할 일을 하지 못하는 이유로 먼저 업무 과부하가 있다는 사실을 알게 되었다. 말 그대로 지금 감당할 수 있는 선을 넘어선 업무들까지 떠맡은 상태를 의미한다. 지나친 완벽주의 역시 시간 관리 실패의 중요한 원인이라고 책에서 알게 되었다. 실제로 학교 과제물을 너무 완벽하게 준비 하려다가 마감 기한을 놓친 경험이 많다. 여기에서 더 중요한 것은 그렇게 기한을 놓쳐서 완성한 과제물의 완성도가 특별하게 높았던 것도 아니라는 점이다. 다음으로 미루는 습관과 불확실한 목표 역시 효과적인 시간을 관리하기가 어렵게 만드는 요소들이라는 것을 알았다. 책을 통해서 두 가지 해결 방안이 바로 시간 관리 목표 설정과 시간관리표 작성이다 는 사실을 배울 수 있었다.	
더 알고 싶은 점	"하버드 첫 강의 시간 관리 수업" 은 하버드 business school 시간 관리 수업을 바탕으로 해 유명 CEO들의 시간 관리 비법을 공개하고 있는데 고등학교 학생을 대상으로 어떻게 하면 효율적인 시간 관리가 되는지 사례를 통해 알고 싶었다.	
기타 느낀 점	책을 읽고 시간의 효율적인 실천 계획을 세웠다. 연간 목표와 하루 목표를 세우고 그에 따른 시간 관리 표를 작성했다. 연간 목표와 월간 목표는 시간이 지나면서 잊을 수가 있으므로 책상 바로 앞에 붙여 놓았고, 하루 목표는 수시로 확인할 수 있도록 스마트 폰에 저장을 해 두었다. 특히 일일 시간 리스트 작성은 아침에 일어난 직후를 활용했다. 내가 효율적으로 시간 관리를 하고 있다는 것을 느낄 수 있었다. 그리고 스스로 목표를 정해서 눈높이에 맞는 자기 주도적 학습을 배울 수 있었다.	

봉사활동 보고서 사례

1. 봉사활동 보고서

초등학생 대상으로 "함께하는 과학놀이" 프로그램 멘 토를 운영했습니다. 과학에 호기심을 가지고 있는 아이들과 함께 실험할 수 있는 것을 찾아보았습니다. 이 과정에서 이것이 답이 라고, 단정해서 말하기보다는 이것이 답이라고 생각할 수 있지 않을까? 라는 "레토릭법"을 적용하여 아이들에게 직접 생각하고 해결할 수 있게 방법을 제시했습니다. 아이들도 다양한 의견을 모아서 환경보존을 위한 실험을 하는데, 도움을 주었습니다.

아이들은 환경보존을 위해 바다에서 어류들이 플라스틱제품을 먹고 죽은 사진과 플라스틱 물병에 대해 어떻게 하면 바다 생물들이 플라스틱 공포에서 벗어날지에 대해 서로의 생각을 내놓았습니다. 아이들과 함께 환경보존을 위해 썩지 않은 플라스틱 물병 사용을 자제할 수 있는 실험으로 오호 물병을 만들어 보기로 했습니다. 아이들에게 할 수 있는 역할을 나누어 주고 실험을 통해 오호 물병을 만들어 보았습니다. 만드는 과정을 통해 아이들과 함께 환경오염을 줄일 수 있는 경험을 할 수 있었습니다. 또한, 아이들과 폐유를 모아 비누를 만드는 실험을 통해 친환경적인 비누를 만들 수 있었고, 환경보존 운동도 실천할 수 있었습니다. 이런 활동을 통해 대학에서 화학공학을 공부하여 인류의 환경을 보존 시킬 창의적 화학공학자자 될 꿈을 키워봅니다.

2. 봉사활동 보고서

저는 모든 사람이 평등하게 함께 잘사는 세상을 꿈꾸어 왔습니다.

몸이 불편한 장애인이 지하철을 타기 위해 전동차를 힘겹게 운행하는 것을 보았습니다. 주변에 있는 사람들은 못 본 척하며 시선을 다른 것에 두고 있었습니다. 용기를 내어 장애인께서 지하철을 안전하게 탈 수 있도록 도와드렸습니다. 이 경험을 살려 지역에 있는 "맑은 샘" 장애인 주간 보호 및 단기 거주 시설에 가서 꾸준히 봉사활동을 하는 계기가 되었습니다.

장애인시설에는 다양한 연령층과 보기에 딱할 정도로 자신의 몸도 가눌 수 없는 분들이 계십니다. 특히나 뇌세포 이상으로 정신연령이 낮은 분들이 많이 거주하십니다. 처음에는 무슨 말인지도 알아듣기 힘들고, 행동도 공격적이어서 무척 당황했습니다.

이들과 가까이하기 위해서 이분들에게 맞는 수준을 맞추기 위해서 노력했습니다. 급식판도 가져 다 드리고, 함께 식사도 하고 간식도 함께 나누어 먹었습니다. 지속적인 시간이 흘러가자 서로가 서로에게 필요한 존재가 되어갔습니다. 이들의 눈빛만 봐도 무엇을 원하는지 알 수 있었습니다.

봉사활동 보고서 사례

날씨가 좋은 날이면 장애인분들과 함께 공원에서 함께 산책했습니다. 처음 산책할 때는 이름을 불러주었는데 혹시나 이분들이 길을 잃어버릴 경우를 생각해서 이름표를 만들어 목에 걸어드렸습니다. 자신들의 이름을 보며 티 없이 웃는 모습에 보람을 느낄 수 있었습니다.

저는 장애인시설을 방문할 때마다 용돈을 아껴서 간식을 사갑니다. 간식을 먹으며, 쉽게 할 수 있는 풍선 터뜨리기, 줄넘기 등을 하며 이분들의 이야기를 들어주었습니다. 앞뒤가 맞지 않고 억눌린 말투이지만 진지한 태도로 말을 들어주는 과정에서 이들의 행복한 모습을 보곤 했습니다.

이분들과 함께 주변 청소를 함께 했던 것이, 기억에 많이 남았습니다. 빗자루를 들고 마당 청소와 고무장갑을 끼고 화장실 청소는 이분들에게 무슨 일이든지 할 수 있다는 자신감을 주는 계기가 되어 함께 하는 시간이 무척이나 행복했습니다.

장애인 복지시설을 꾸준히 방문하여 식사 준비와 청소 등을 하면서 그저 시간 채우기 식 봉사가 아닌 마음에서 우러나오는 봉사가 되도록 항상 주어진 상황에 최선을 다할 수 있었습니다. 장애인 식사를 도와주는 과정에서 밥과 국을 흘리고, 서로 더 많은 양을 먹기 위해서, 다투는 모습을 볼 수 있었습니다. 보조자가 아닌 참여자가 되기로 했습니다. 저는 한 그릇에 있는 국을 같이 떠먹으며 서로가 함께하는 식사가 주는 행복이 무엇인지 배워 나갈 수 있었습니다. 봉사가 내 안에서 습관처럼 내면화되어 사회적 약자에 대한 봉사가 꾸준히 이어 나갔습니다.

장애인 봉사활동을 하며 이들도 우리와 똑같은 존재라는 것을 알 수 있었습니다. 천진난만한 모습과 무언가를 성취했을 때 해 말게 웃는 모습에서 불평 불만했던 삶이 긍정적으로 변할 수 있었습니다. 또한, 장애인 봉사활동 경험을 통해 몸이 불편한 사람들에게도 소중한 인격이 존재한다는 것을 배울 수 있었습니다. 그리고 이들과 함께하기 위해서 매달 용돈을 아껴서 기부하는 실천도 이어가고 있습니다. 비장애인과 장애인이 더불어 잘사는 사회를 꿈꾸어 봅니다.

장애인 시설 봉사활동을 하면서 우리 사회가 사회적 약자를 위해 복지정책과 관심을 많이 가져야 할 필요성을 배울 수 있었습니다. 그리고 일회성이 아닌 지속적인 관심을 가지고 장애인들을 위해 말벗이 되어주는 사회적 여건이 마련되었으면 좋겠다는 소망을 품어봅니다. 시간을 채우기 위한 봉사활동이 아니라 진정성이 있는 봉사활동이 되어야 한다는 것을 느낄 수 있었고, 봉사활동을 통해 저를 돌아볼 수 있는, 소중한 기회가 되었습니다.

봉사활동 보고서 사례

3. 봉사활동 보고서

지역 어르신들을 위해 도시락 나누기 봉사를 했습니다. 지속적인 봉사로 이어지면서 소통할 수 있는 의미가 있는 활동으로 혼자 사시는 어르신에게 말벗이 되어주기로 했습니다. 말벗이 하면서, 제 도시락도 준비하여 식사를 함께 나누었습니다. 처음에는 어르신들께서 밥도 흘리시며 드시는 모습에 비위가 상했습니다. 점차 시간이 지나자 함께하는 식사를 통해 밥 흘리시는 모습이 자연스럽게 보였습니다. 어르신을 향한 마음 문이 열려갔습니다. 그래서 용돈을 아껴서 간식도 살 수 있었습니다. 간식을 함께 먹으면서 학교에서 있었던 일과 공부 이야기와 친구들 이야기 등을 들려주었습니다.

처음에는 별 반응을 보이시지 않던 어르신께서 시간이 흐르자 어르신 가족과 과거 사신 이야기를, 들려주시며 손자처럼 사랑해 주셨습니다. 낯선 사람 마음의 문을 열기 위해서는 마음이 통할 수 있는 진정성이 있어야 한다는 사실을 배울 수 있었고, 보이기 위한 봉사가 아닌 저를 볼 수 있는 봉사의 가치를 경험할 수 있었습니다. 소중한 경험이 중증장애인 봉사로 꾸준히 이어질 수 있었습니다.

중증장애인 시설을 방문했습니다. 도시락 나누기 봉사를 통해 사람은 자신이 아름다워져야 한다는 이유를 알았기 때문에 장애인분 들에게도 존재 그 자체에서 아름다움을 찾을 수 있었습니다. 거동이 불편한 분들을 위해 청소 해주기, 식사 도와 주기와 함께 외출하기를 하면서 장애와 비장애인들이 서로 잘사는 사회를 꿈꾸어 볼 수 있었습니다. 이런 활동을 통해 봉사를 재미있어서 매일 하고 싶어 하는 놀이로 생각할 수 있었습니다. 이런 생각 전환이 봉사를 통해 저 자신을 사랑하고, 돌아볼 수 있는 나눔의 과정으로 마음속에 남아 있습니다.

도시락배달과 중증장애인 봉사활동을 하면서 남의 말을 잘 들어주는 경청의 중요성을 배울 수 있었습니다. 소통이 이루어지기 위해서 자신의 말보다 남의 말을 잘 들어 주는 인내를 통해 소외된 분들의 생각과 마을을 접할 수 있었습니다. 그리고 봉사는 일회성이 아닌 꾸준히 이어지는 행동이 따라야 한다는 것을 깨달을 수 있었습니다.
봉사활동이 꾸준히 이루어지길 소망하며, 비장애인과 장애인이 함께 더불어 잘사는 사회가 되길 꿈꾸어 봅니다.

봉사활동 보고서 사례

4. 봉사활동 보고서

청소년 멘토링을 초등학생 대상으로 "영어학습법" 프로그램을 운영했습니다. 영어에 호기심을 가지고 있는 아이들과 함께 어떻게 하면 영어를 쉽게 접근할 수 있는지 학습법을 찾아보았습니다. 아이들의 다양한 의견을 모아서 효율적인 단어 암기법에 대해 알아보았습니다. 백지학습법으로 단어를 외우게 한 뒤 백지에 외운 단어를 써보게 했습니다.

백지에 쓴 단어를 제외하고 쓰지 못한 단어를 다시 외워 백지에 쓰는 것을 반복하게 도와주었습니다. 반복 훈련이 익숙해지자 분산 효과를 적용했습니다. 만약 오늘 단어 50개를 외웠다면 내일은 어제 외운 단어 50개를 암기했는지 확인해서 외우지 못한 단어를 다시 암기하고 오늘 주어진 단어 50개를 외워가게 했습니다. 아이들은 이런 방법으로 외운 단어를 장기 기억화 할 수 있었습니다. 저는 아이들이 영어에 흥미를 갖는 방법으로 영어를 통합적으로 학습하는 것에 대해 생각해보았습니다. 다시 말해 듣기, 쓰기, 읽기, 말하기를 통합적으로 묶어 공부하는 것입니다. 저는 아이들이 부를 수 있는 영어 동요 팝송을 선택하여 듣고, 말하고, 쓰기를 아이들과 함께 만들어 갔습니다. 아이들이 영어에 두려움 없이 다가서는 모습에서 멘토의 역할에 대해 많은 것을 배울 수 있었습니다.

초등학생을 대상으로 하는 영어 멘토 활동이 중학생을 대상으로 한 부모가정 학생과 저소득층 가정 학생으로 이어졌습니다. 저는 초등학생 멘토의 경험을 살려 중학생 멘티에게 마인드맵학습법을 적용해보았습니다. 멘티들이 배운 영어 문장을 질문을 통해 완성해 나가는 방법과 핵심어를 보고 단어와 문장을 연상해 말해 보기를 시켜보았습니다. 처음에는 어색하거나 당황한 모습을 보였지만 반복적인 학습을 통해 멘티들이 영어에 흥미를 느끼는 것을 볼 수 있었습니다. 멘티들이 영어에 흥미를 갖자 독서에도 많은 관심을 보여 독서 프로그램으로 "하부르타" 독서법으로 멘티들과 토론 활동도 할 수 있었습니다. 이런 경험의 사례들이 저를 성장시킬 수 있는 원동력이 될 수 있었습니다.

멘토 봉사활동을 통해 어떻게 하면 스스로 공부할 수 있는지에 대해 자기주도 학습법을 배울 수 있었습니다. 또한, 제가 내용을 잘 알지 못하면 상대방에게 설명을 제대로 할 수 없다는, 메티인지에 대해서도 배울 수 있는, 소중한 기회가 되었습니다. 또한, 차상위계층에게도 사회적인 관심이 필요하다는 것을 느낄 수 있었습니다. 사회적 불평등으로 교육을 제대로 받을 수 없는 학생들을 위해서 대학에 가서도 지속적인 멘토 활동을 이어가고 싶습니다.

과학 독서토론반 보고서

 겨울방학 기간에 참여한 과학 독서 토론 수업에서 호모사피엔스 씨의 위험한 고민과 세 바퀴로 가는 과학 자전거라는 책을 읽었습니다. 과학기술의 발전이 과연 우리 삶을 긍정적인 발전으로 이끌어 왔는지를 토론의 주제로 정했습니다. 주제에 대한 소재로 첫째, 정보기술의 발전, 빅데이터를 이용한 감시체제 문제 둘째, 생명 기술의 발전으로 생긴 인간복제의 윤리적 문제, 셋째, 인공지능은 자아를 가질 수 있는지 또한 그러한 인공지능 인격체로 보아야 하는가에 대한 문제 등에 대해, 토론 활동 시간을 가졌습니다.

 저의 의견은 과학기술의 발전으로 인해 많은, 문제점들이 생길 수 있다고 하였습니다. 예를 들어, 가스 냉장고가 전기 냉장고 보다 훨씬 효율성이 좋고 비용도 더 적게 들어가는데, 전기 회사들의 농단으로 전기냉장고가 살아남을 수 있다는 사실을 들었습니다. 또 다른 실례로 기업이나 국가에서 연구비를 지원받을 수 있다는 이유로 국가나 기업이 유리하게 연구 결과를 조작하는, 경우가 있다는 사실입니다. 저는 토론을 통해 과학기술이 인간의 삶을 편리하게 하는 쪽으로만 발전하는 것이 아니며, 사회, 정치, 경제 요인들에 큰 영향을 받는다는 사실을 알게 되었습니다. 이를 통해 과학자로서, 가져야 할 진정한 가치와 사회적 역할이 무엇인지에 대해 깊이 생각해보는 소중한 기회를 가질 수 있었습니다.

EBS 수능 특강(영어) 지문 학습 후 보고서

국사학과를 입학하려고 한 학생이 영어 수업 중 지문에 나온 역사 관련 지문을 배우고 작성해서 담당 선생님께 제출한 내용이다. 수능 특강 13강 4번과 19강 4번 지문을 읽고 역사에 대한 정의와 인식 그리고 역사를 왜 배워야 하는지에 조사한 내용이다.

1). 역사란 무엇인가? 일반적으로 역사란 '인류 생활의 과거에 일어난 일'을 말하며 인간이 살아온 과거 사회생활의 총체와 역사가에 의해 쓰인 과거 로서의 역사를 포함한다. 서양에서의 역사의 어원은 그리스어의 'historia'로 '히스토리아'라는 동사에서 파생되었는데 이 동사의 의미는 '탐구하다, 조사 하다' 라는 뜻으로 결국 '히스토리아'는 조사된 것, 탐구된 것을 가리킨다.

2). 역사 인식의 구조 역사란 역사가에 의해 한번 걸러진 과거에 대한 역사가의 역사 인식으로 객관적 존재로서의 과거를 직접보고 인식하는 것이 아니다. 역사의 실상은 역사가에 의해 재현된 역사상(歷史像)에 불과하다. 역사가가 사실을 선택하는 기준.사유하는 방식, 그 방법과 논리가 다르고 그들의 사유는 일정한 방법과 논리를 가지는데, 이를 사관(史觀)이라 한다. 사관은 역사를 보는 눈, 역사에 대한 견해. 해석. 관념. 사상 등의 의미를 지니고 있다.

역사가는 그 시대가 가진 역사적 요구가 무엇인지, 그 시대가 필요로 하는 사관이 무엇인지를 파악해야 한다. 시대에 따라 사실에 대한 선택과 해석이 달라지면서 역사는 객관적 진실에 더 가까워져야 한다. 역사관은 과거의 역사적 사실을 대상으로 삼고 있지만, 과거를 보는 당시의 현대적 요구와 시대정신과 밀접한 관련이 있는데 이것이 역사의 '현재성' 이다. 따라서 역사를 흔히 인류 생활의 과거에 일어난 일이라고 생각하면서도 모든 역사는 현재의 역사이다.

당 시대의 사람들은 모두 역사 인식의 주체이고 역사가는 역사적 사실을 통해 직접 인식, 동시대가 아닌 일반인은 역사가의 역사 인식과 역사관을 통해 역사를 재인식하는 구조인 것이다.

3). 역사는 어떻게 인식하여야 하는가? & 역사교육의 필요성 우리는 과거에 일어난 사건을 그것에 관해 적어놓은 기록이나 문헌을 통해 아는 것이지 과거를 직접보고 인식하는 것은 아니다.

강대국이면 강대국일수록 강조하는 학문에 자국어와 역사이다. 자국의 언어, 역사를 가르침으로 한 국가의 정체성을 유지해 나가고 있다. 그러나 우리의 경우에는 역사교육이 너무 부실하다. 부실해진 역사교육의 단면이 최근 여러 가지로 나타나고 있다. 민주화 용어 사용의 문제, 518 민주화 운동을 어떻게 바라보는지 등에서 눈살이 찌푸려질 정도로 말도 안 되는 주장이 나오고 있다.

역사란 과거를 연구하는 학문이다. 과거를 연구함으로써 현재와 미래에 대해 방향성을 제시해준다. 하지만 역사라는 과목은 입시제도에 있어 외울 분량이 많고 비효율적이라고 판단하여 경시되었다. 그러나 자국의 역사를 선택과목으로 하는 나라는 극히 드물다고 할 수 있다. 특히 다른 나라의 역사를 연구함으로써 그 나라에서 자신들이 어떻게 행동하면 되고, 어떻게 최대한의 이익을 얻어낼 수 있는지 등 여러 가지 시사점을 알려준다. 즉, 우리가 말하는 세계화에서, 최대한의 이익을 얻어내려고 한다면 서로 다른 문화를 이해하고 그 문화에 맞는 방식으로 다가가야만 성공할 수 있다.

이런 사실을 살펴보면서 국사 학과에 진로를 정해 국사 학도의 꿈을 펼쳐보고 싶다.

『신문 사설을 읽고, 내 생각 쓰기 수행평가』 -반도체

한국의 반도체 산업은 국가 주력산업이다. 국내총생산(GDP) 기여도가 3,6%, 고용 16만5000명, 수출품목의 21%, 주식시장 시가총액의 약 25%를 차지한다. 그러나 최근 모건스탠리. 골드만삭스 등 글로벌 투자은행 등이 한국 반도체 산업에 대해 부정적인 의견을 잇달아 발표하고 있다.

세계 스마트폰 업체들의 메모리 반도체 과다 재고와 한국반도체 업체들의 메모리 공급과잉으로 장기 호황이 이미 고점을 찍어 내년에는 하락할 것이라고 한다. 반면 삼성전자와 SK 하이닉스는 내년 메모리 가격이 다소 하락하더라도 빅데이터 수요의 지속적인 증가와 인공지능(AI) 등 신규 메모리 반도체 수요 증가로 호황을 계속 유지할 것이라고 반박한다.

한국 반도체 산업의 미래에 대해서는 비관론과 낙관론이 공존한다. 이런 가운데 한국반도체 산업의 미래를 위협하는 도전 요인들도 적지 않다. 첫째, 한국 반도체 업체들의 큰 호황을 받쳐주는 후방인 반도체 장비. 소재. 부품 산업이 글로벌, 경쟁력을 잃어가고 있다. 둘째, 우수 반도체 연구개발(R&D)인력의 배출이 급격히 감소하고 있다. 최근에는 신규 연구와 개발 예산이 제로 상태까지 가고 있다. 셋째, 중국 메모리 반도체 산업의 빠른 추격이다. 이미 중국 내 32개의 반도체 제조가 운영되고 있다. 그뿐만 아니라 중국 업체들의 제품 구매를 조건으로 인수합병(M&A)이나 중국으로 이전을 강력히 추진하고 있다.

비관에 놓인 한국 반도체가 살아나기 위해서는 첫째, 지금부터라도 기업. 대학. 정부가 한국의 미래 반도체 산업을 위협하는 이런 불리한 환경들을 신속히 개선해야 한다. 둘째, 규모가 작은 국내 반도체 장비. 소재. 부품 업체들의 글로벌, 경쟁력 확보가 가능한 사업 분야에 대해 최소 투자로 새로운 기술 제품. 서비스의 성능 및 효과를 시험할 수 있는 환경을 조기에 구축해야 한다. 셋째, 우수 반도체 연구와 개발 인력 양성을 다시 시작해야 한다. 중국은 반도체 굴기 차원에서 100개 대학에 10만 명의 우수한 연구와 개발 인력 양성 프로그램을 진행 중이다. 반면 한국은 국가 반도체 연구와 계발 예산의 급격한 감소로 인해 관련 인력 양성이 위축되고 있다.

하루라도 빨리 4차 산업 혁명의 핵심 산업 분야인 인공지능. 빅데이터. 사물 인터넷. 가상 증강현실, 자율주행. 로봇. 드론 관련 반도체 기술 부문에 대한, 본격적인 연구와 개발 예산 투입이 시급하다. 또한, 국가 핵심반도체 기술과 숙련된 반도체 인력 유출을 막아야 한다. 산업 기술유출방지법에 따라 중국 등 해외로 국가 핵심 반도체 기술이전 신고 및 승인 절차를 철저히 지키도록 불법 유출을 차단할 필요가 있다.

<사설에 대한 내 생각>
기업. 대학. 정부가 한국의 미래 반도체 산업에 대해 서로 공조를 통해 기술개발 보존과 잠재력 있는 인력들을 양성해야 한다고 생각한다. 기술 보존을 위해서 연구비 지원 및 대학 석, 박사에게 많은 안정적인 일자리를 보장해주어 연구 및 개발에만 전념할 수 있게 해주는 진로 보장이 선행되어야 한다. 그리고 산업기술 유출방지법을 강화해서, 기술이 해외로 빠져나가지 않도록 반도체 업계에 종사하는 분들에게도 애국심 고취와 직업에 대한 자부심을 가질 수 있도록 정부와 기업이 함께 독려해야 한다고 생각한다.

『수행평가 -고종에 대한 평가와 개인 생각』

 고종이라는 인물은 1863년부터 1907년 7월까지 43년 7개월에 이르는 동안 국가의 최고 정책 결정자인 왕으로서 재임했다. 1870년대에 고종은 수신사 파견을 통해 일본의 개화 실상을 확인한 다음, 개화를 주도할 관서로 통리기무아문을 신설하고 일본에는 신사 유람단, 중국에 영선사를 각각 파견하여 신 문물 수용을 위한 대책을 적극적으로 마련하기 시작하였다. 고종은 원활한 개화 정책의 수행을 위해 1883년부터 정부 기관지로서『한성순보』『한성 주보』를 간행하기도 하였다.

 개화파에 의해 갑신정변이 일어나는데 김옥균을 위시한 개화파와 밀접한 관계를 유지하던 고종은 갑신정변의 방식에 대해 회의적이었다. 영국의 거문도 점령으로 러시아와 영국의 정치적 이해관계가 한반도에서 직접 충돌하게 되었고 이러한 와중에서 위기를 극복하려는 고종의 노력은 러시아와의 밀약으로 나타나게 된다. 결과적으로 이러한 상황은 조선에 대한 청의 내정간섭을 오히려 강화하는 계기가 되고 말았는데, 고종은 이런 와중에서도 굽히지 않고 청의 끈질긴 간섭을 배제한 채로 한불조약을 체결하는 추진력을 보여주었다.

 1896년 2월 국왕은 명성황후의 시해 을미사변을 계기로 러시아공사관으로 거처를 옮겼다. 아관파천으로 불리는 이 사건은 일본의 압박으로부터, 벗어나는 데 성공한 다음 대한제국으로 국체를 바꾸어 자주 국가로서 정치적 전환의 틀로 이어졌다. 고종은 1897년 국체를 제국(帝國)으로 바꾸고 연호를 광무(光武)로 바꾸었으며 황제로 즉위하게 된다. 그리고 광무개혁을 실시한다.

 1904년 일어난 러일전쟁을 거치고 1906년 을사늑약이 체결되면서, 고종은 십 수차례의 밀사 외교를 추진한다. 헤이그밀사사건이 일본인에게 발각되어 고종이 강제 퇴위 당하게 된다. 고종에 대한 저의 생각은 고종은 자신의 나라 자신이 다스리던 백성들을 위해서 부단히, 노력했지만 이미 조선 시대 상황에서 보면 힘이 들었다고 본다. 오랜 시간 동안 계속되었던 세도정치로 인해 패해와 국가재정의 고갈 그리고 붕당 간의 정권 다툼, 그리고 너무나 철저한 유교 사회였던 조선에서 고종이 새로운 문물을 받아들이고 적극적인 개화의 노력을 한다 한들 이미 저물어가고 있던 조선의 상황을 쉽게 바꿀 수는 없었을 것이다. 고종은 지나치리만큼 조선이 부국강병 하는 데에 있어서 외세의 의존도에 많이 의존했다. 열강 간의 다툼 속에 세력균형을 이용하여 위기 상황을 벗어나지 못하는 한계를 가지고 있었다.

역삼투압법을 이용한 담수화 작성 후 느낀 점 글쓰기

21세기에 이르러 인간의 생활 수준 향상에 따라 물 사용량이 증대하고 있다. 산업 발달로 농업, 공업용수도 많이 필요하지만 많은 인구의 증대로 식수의 사용량 또한 간과하지 못할 만큼 불어 났다. 국제기구들의 연구 결과에 따르면 성장하는 우리나라의 산업과 인구성장률에 의해 우리나라도 물의 사용량이 점점 더 증가할 것이라는 판단이 나온다. 이미 아프리카의 국가들은 지형적 문제와 기후변화 탓에 이미 식수와 산업용수 부족으로 고난을 겪고 있다. 우리가 상상하지 못할 정도의 오염된 물을 이용하여 하루하루를 근근이 버티고 있다. 따라서 전 세계가 물 부족 사태에 대한 대비책을 마련해야 하며, 효율적인 물 생산에 온 힘을 다해야 할 것이다.

물 부족 극복방안으로는 댐이나 보 설치 등 다양한 방법론이 강구되고 있지만 댐보다 더 많은 양의 용수를 공급할 수 있는 해수 담수화를 이용한다면 그 효율이 극대화될 수 있을 것이다.

해수 담수화는 해수에서 염분을 제거하여 식수, 공업용수를 이용할 수 있도록 담수를 얻는 것이다. 공사 기간이 짧아 조기에 다량의 수자원 확보가 가능하여 물 기근 국가에도 도움이 될 것이다. 지구의 70%가 바다인 점을 생각한다면 그 효율은 엄청나다고 생각된다. 이러한 이점이 많은 해수 담수화에는 크게 열 증류 방식과 분리 막 방식이 존재한다.

화학공학에서는 분리 막을 이용한 분리 기술을 도입하여 해수의 담수화율을 높이는 데 초점을 두고 있다. 분리 막을 이용한 기술로는 역삼투압을 이용한 분리기술이다. 역삼투압이란 서로 다른 농도의 용액이 반투막을 사이에 두고 분리되어 있다면 물은 농도의 평형을 유지하기 위하여 반투막을 통과하게 된다. 즉 저농도의 물이 고농도 쪽으로 이동하고, 이때 상대적으로 고농도에 많은 물량이 생성되어 압력이 발생하는데, 이를 삼투압이라고 한다. 역삼투는 이러한 삼투현상을 인위적인 압력을 가하여 역으로 진행시켜 고농도의 물 분자를 도리어 저농도의 지역으로 이동하면서 순수한 물을 생성하게 만드는 것이다. 해수에는 삼투압이 약 2.5MPa 정도 존재하기 때문에 역삼투조작을 위해서는 그 이상의 압력을 가한다. 일반적으로 5MPa~7MPa 정도의 조작압력에서 사용하고 있다. 조작압력이 높은 이유로 내압성을 중시한 막구조로 되어있다.

막의 분리 효율의 결정 인자는 막의 재질 및 형태, 여과 방식이며 이에 따라 해수 내에 함유되어있는 부유물질, 콜로이드, 효소, 단백질, 유기 용매, 염 등을 분리할 수 있다.

역삼투압법 분리 막은 물은 통과시키지만, 용질은 거의 투과시키지 않아 물에 용해 되어있는 이온성 물질은 거의 배제되고 순수한 물만 통과시키는 역할을 한다.

해수 담수화에서의 역삼투압 분리막방식은 에너지 소모율 4~6Kwh/톤으로 다른 방식에 비해 적은 생산 단가로 주목받고 있다. 경제성에서도 우위를 차지하여 해수 담수 시장에서 주도적 기술로 자리 잡고 있다. 최근 분리 막 제조기술의 발달로 역삼 투압법분리 효율이 더욱 강화되었으며, 장치설비의 강점 뿐만 아니라 해수에서의 유효성분 농축과 회수기법이 발달하여 그 가치가 더 해지고 있다.

향후 해수 담수화 기술의 확보는 물 부족 해결뿐만 아니라 국가 경쟁력에서도 중요한 요소로 자리 잡을 것이다. 분리 막 기술이 더 발달하여 역삼투공정의 단점인 운전비용을 감소할 수 있게 고유량화 및 에너지 기술을 확보한다면 향후 물 부족 극복방안으로는 가장 적절한 대안이 될 것이다.

<수행평가를 쓰면서 배우고 느낀 점>

1. 아프리카 많은 국가는 물 부족 국가이다. 물론 우리나라도 물 부족 국가로 분리된다. 지구는 육지보다 바다가 차지하는 비율이 높다. 우리나라 두산중공업은 이런 문제를 해결하기 위해 신재생 활용방법으로 해수 담수화 기술을 확보하여 가뭄 해결과 물 부족 국가에 도움을 주고 있다.

2. 해수를 담수로 바꾸는 역삼투는 물 부족 국가와 가뭄에 중요한 역할을 할 수 있다고 생각한다. 전공을 화학 분야로 정하고 정규 수업과 교과서로는 알지 못했던 관련 분야 경험을 확장 시킬 수 있었다. 인간에 도움이 되는 과학은 창조하고 만들어 가는 것을, 배울 수 있었다. 지식을 확장하기 위해 과학적 원리를 활용해 환경도 살리고 식수 문제도 해결하는 오호(ooho) 물병 만들기 실험을 했다. 실험과정을 통해 오호 물병 안의 물은 식수로 가능하고 빈 병은 쉽게 분해되어 환경오염을 줄일 수 있음을 알았다. 배운 것을 확장 시켜 탐구 자세를 가질 수 있었다.

외국문화 탐구 논문개요서

제목	상해 역사 문화 탐구
제목 선정의 이유	상해는 우리나라 임시정부가 설립된 곳이고 윤봉길 의사기념관도 건립되어 있어서 역사학과를 지망하는 나에게 상해 문화에 대해 더욱 알아보고자 선정하게 되었습니다.
연구 계획 연구 순서 연구방법 연구내용 가상 목차 등	1. 연구계획 상해 역사를 살펴보고 외부환경과 해풍 문화에 문화가 어떻게 상해 도시에 영향을 주었는지 알아보고, 상해 음식문화와 거리 형성과 그리고 상해임시정부와 윤봉길의사기념관을 통해 상해문화와 우리나라 문화 차이점에 대해서 알아보겠다. 2, 연구 순서 『근 현대 상해 한인사 연구』(김광재) 을 읽어보고 상해 문화의 지역별 특징과 거리 형성 등에 대해서 알아보고자 한다. 3.연구방법 위키백과, 네이버 백과사전, 상해 정보 등을 인터넷을 통해 검색하여 상해 문화에 대한 공통된 자료 등을 수집하여 논문을 작성하고자 한다. 4. 연구내용 및 가상 목차 I. 서론 II. 본론 1. 상해 2. 상해의 역사 3. 상해 문화의 특징 4. 상해 음식 특징 5. 상해의 건물 특징 VI. 결론
참고문헌 (자료 포함)	『근 현대 상해 한인사 연구』 경인 문화사(김광재) 워커백과 http://ko.wikipedia.org 네이버 백과사전 http://100.naver.com

외국문화 탐구 논문개요서

제목	베트남의 음식문화
제목 선정의 이유	베트남은 과거의 적대국에서 경제협력을 하는 우호국으로 발전되었다. 무역도 전체 3위를 차지하고 있고, 다문화 비율도 이제는 중국을 앞서 나간다. 이에 대해 베트남의 역사와 자연환경을 중심으로 음식문화에 대해 알아보고자 선정하게 되었다.
연구 계획 연구 순서 연구방법 연구내용 가상 목차 등	1. 연구계획 베트남의 자연환경과 역사를 살펴보고 자연환경에 영향을 받은 음식문화에 대해서 알아본다. 2, 연구 순서 김혜영외 4인 공저 『문화와 식생활』을 읽어보고 베트남의 지역별 음식문화의 특징과 종류 그리고 식사 예절에 대해서 알아본다. 3.연구방법 워커 백과, 네이버 백과사전, 베트남 정보 등을 인터넷을 통해 검색하여 베트남 음식에 대한 공통된 자료 등을 수집하여 논문을 작성하고자 한다. 4. 연구내용 및 가상 목차 I. 서론 II. 본론 1. 베트남의 자연환경 2. 베트남의 역사 3. 베트남의 음식문화의 특징 4. 베트남 음식의 지역별 특징 5. 베트남 음식의 종류 6. 베트남의 식사예절 VI. 결론
참고문헌 (자료 포함)	김혜영, 조은자. 한영숙, 김지영, 표영희 공저 『문화와 식생활』 도서출판. 효일. 1998. 워커백과 http://ko.wikipedia.org 네이버 백과사전 http://100.naver.com 트레블게릴라 http:// trevelg.co.kr 베트남정보 www.vietrafo.co.kr 라이프플라라 cafe.naver.com/lifevn 몬 쿠징 아카데미 blog. naver. com/supia3533

토론계획서 수행평가

[Q1]. 토론개요서 에는 찬성과 반대 양쪽의 입장을 모두 적습니다. 찬성과 반대 각각의 주장과 그에 대한 근거를 명확히 제시해야 한다.

[Q2]. 토론개요서는 개관 1쪽, 찬성 입론서 1쪽, 반대 입론서 1쪽, 독서 감상록 1쪽의 총 4쪽 이내로 작성한다.

제목	00고등학교 청소년의 SNS 이용	팀원	
논제	〈 테마파크의 익스프레스 패스 제도를 폐지해야 한다.〉		
논제설명	'와*맨' 21화에서 방송인 박준형은 워터파크를 찾았다. 입장권을 끊으려던 박준형은 티켓이 두종류라며, 줄을 기다리지 않고 빠르게 타는 입장권이 있다는 이야기를 들었다. 이 패스를 구매한 박준형이 30여만 원이라는 입장권 가격에 놀라는 에피소드였다. 이처럼 요즘 놀이공원은 줄을 서지 않고 놀이기구를 이용할 수 있는 익스프레스 패스' (이름은 놀이공원마다 다르지만, 이하 익스프레스 패스 라고 하기로 한다.)를 공식적으로 판매 중이다.		
용어정의	express의 고속이라는 뜻과 pass의 통과한다는 뜻이 합쳐져서 나온 익스프레스 패스(express pass)는 줄서기나 기다림을 통해 이용하는 서비스를 상품의 가치만큼 돈을 지불하여 기다림이 없이 사용하는 일종의 서비스이다.		

토론계획서 수행평가

[Q1]. 토론개요서 에는 찬성과 반대 양쪽의 입장을 모두 적습니다. 찬성과 반대 각각의 주장과 그에 대한 근거를 명확히 제시해야 한다.

[Q2]. 토론개요서는 개관 1쪽, 찬성 입론서 1쪽, 반대 입론서 1쪽, 독서 감상록 1쪽의 총 4쪽 이내로 작성한다.

쟁점		찬 성 (테마파크의 익스프레스 패스 제도를 폐지해야 한다.)	반 대 (테마파크의 익스프레스 패스 제도를 폐지할 필요는 없다.)
쟁점 1	주장	익스프레스 패스 제도는 비윤리적이다.	익스프레스 패스 제도는 시장 활성화&개인의 자유 존중&재화의 효율적 분배를 위함이다.
	근거	- 우리는 지금까지 줄서기를 규칙 또는 윤리라고 받아왔다. 우리는 줄서기를 선착순의 원칙이 적용되는 행위라고 정해왔기 때문에 이것을 지키는 것이 정의이다. - 줄서기 라는 평등이라는 도덕적 가치를 훼손한 것이 된다.	판매 자나 구매자가 거래하는 과정에서 재화가 오가고, 재화가 오가는 과정에서 타인에게 큰 해를 끼치지 않기 때문에 이러한 자유를 침해할 수 없다. 그리고 미래 지향적인 관점에서 보면 그 과정에서 더 나은 상품을 원하는 구매자로 인해 판매 자는 더 나은 서비스를 제공하고 재화가 효율적으로 돌아간다.
쟁점 2	주장	익스프레스 패스 제도는 타인의 권리를 침해한다.	익스프레스 패스 제도는 시간의 효율적 분배를 위함이다.
	근거	경제적 여유가 있는 자가 '새치기' 라는 권리를 구매하면, 줄을 서 있던 사람들은 시간이라는 다른 가치를 손해를 보게 되고 기다림을 통해 얻은 탑승권의 권리를 침해당하게 된다.	익스프레스 패스와 같은 상품을 팔지 않는다면, 그 말은 즉 인기가 많거나 서비스가 좋은 상품에 사람들이 집약적으로 몰리게 될 것이고, 이로 인해 사람들은 시간이라는 또 다른 가치를 손해를 보게 된다
쟁점 3	주장	익스프레스 패스 제도는 위화감이 조성된다.	익스프레스 패스 제도는 행복이나 사회적 효용의 극대화를 위함이다.
	근거	경제적 여유가 있는 자가 자신의 만족감을 위해 서비스나 상품에 높은 가치를 부여하여 대가를 지급 한다면, 그와 반대인 사람들은 그들과 사회적 갈등을 겪을 수 있고 위화감이 조성되어 이는 곧 사회통합이라는 기계의 불량품이 된다.	자신이 원하는 서비스나 상품에 가치를 부여하여 거래하는 과정에서 판매 자나 구매자 모두에게 똑같이 이익이 제공되고, 결과적으로 집단의 행복이나 사회적 효용을 향상 시킨다.

토론계획서 수행평가

토론계획서

주제 : 테마파크의 익스프레스 패스 제도를 폐지해야 한다.

<찬성> 테마파크의 익스프레스 패스 제도를 폐지해야 한다.

용어의 정의 및 재정의

익스프레스 패스(express pass):줄서기나 기다림을 통해 이용하는 서비스를 상품의 가

치만큼 돈을 지불 하고서, 기다림이 없이 사용하는 일종의 서비스로 해석한다.

가치 : 인간의 욕구나 관심을 충족시키는 것, 충족시키는 성질 뿐만 아니라 충족시키기 위한 성질까지도 포함한다고 해석한다.

새치기 : 사람들이 높게 생각하는 가치가 있는 보상이나 상품을 위해 먼저 기다리고 있던 사람들보다 재화를 지불 하여 남들보다

빨리 이득을 취하는 행동으로 해석한다.

쟁점 1. 익스프레스 패스 제도는 비윤리적이다.

사람들은 공정함에 대한 인간 본연의 욕구가 있다. 줄서기에서 공정함 이란 먼저 온 사람이 먼저 보상을 받는다는 것이다. 그런데

이러한 것을 해하려 하는 것에 대해 분노한다. '왜?' 라고 묻는다면 우리는 어린이집이나 초등학교라는 어린 시절부터 우리는 줄

서기가 규칙 그리고 윤리라고 교육받아왔었고 이것은 우리는 '나' 라는 주체 혼자가 사는 세상이 아닌 개개인이 모여서 만든 사

회에서 사는 구성원이 되기 위하여 여러 교육을 받아왔는데, 그 교육 중 하나가 '줄서기' 라는 평등의 상징이기 때문이다. 줄서

기는 선착순의 원칙에 따라 먼저 줄을 선 사람이 먼저 받는 것은 당연하다고 생각하여 모두가 평등하다고 동의하게 된다. 따라서

이러한 것을 지키지 않는다면 사람들은 불평등, 비윤리적이라고 말하게 될 것이다.

쟁점 2. 익스프레스 패스 제도는 타인의 권리를 침해한다.

경제적 여유가 있는 자가 '새치기' 라는 권리를 구매하면, 줄을 서 있던 사람들은 시간이라는 다른 가치를 손해를 보게 되고 기

다림을 통해 얻은 탑승권의 권리를 침해당하게 된다. 이러한 권리를 침해당한 사람들은 당연히 불만을 표출하게 될 것이다.

쟁점 3. 익스프레스 패스 제도는 위화감을 조성한다.

경제적 여유가 있는 자가 자신의 만족감을 위해 새치기 할 수 있는 행동을 취함으로써 경제적 여유가 없는 자들은 자신이 그보다

빨리 왔음에도 자신보다 빨리 이득을 취함으로써 후자들은 상대적 박탈감을 느끼게 되고, 이는 곧 소외된 사람들이 생기게 되어 위

화감이 조성되고, 이는 곧 사회통합이라는 기계의 결함이 된다.

입론:우리는 사회라는 장소에 나가기 위해 지금까지 줄서기 라는 공동의 암묵적인 규칙을 교육받아왔고, 이것을 공정하고 평등하

다고 믿기 때문에 현대 사회에서도 사람들은 이것을 지키며 살아가고 있다. 그런데 이것을 갑자기 깬다면 사람들은 불평등, 비윤리

적이라고 불만을 표출하고, 사람들에게 혼란이 옴과 동시에 새치기를 할 수 있는 행동권을 산 사람과 경제적으로 여유가 없어 구매

못 한 사람 간의 갈등이 발생하고 이는 곧 위화감 조성과 사회통합을 못 하게 되는 큰 문제가 된다. 그런 이유 들이 있기에 익스프

레스 패스 제도를 폐지를 찬성한다.

토론계획서 수행평가

토론계획서

주제 : 테마파크의 익스프레스 패스 제도를 폐지해야 한다.

<반대> 테마파크의 익스프레스 패스 제도를 폐지할 필요는 없다.

용어의 정의 및 재정의

익스프레스 패스(express pass): 줄서기나 기다림을 통해 이용하는 서비스를 상품의 가치만큼 돈을 내서, 기다림이 없이 사용하는 일종의 서비스로 해석한다.

라인스탠더(line stander) : 고용자 대신 미리 줄을 서 기다림이 없이 바로 보상을 받게 하고 그 대가로 재화를 받는 직업으로 해석한다.

보상 : 자신이 원하던 활동을 이루는 것으로 해석한다.

쟁점1 : 익스프레스 패스 제도는 시장 활성화&개인의 자유 존중&재화의 효율적 분배를 위함이다.

개인이 이윤을 추구하는 과정에서 라인스탠더라는 직업이 만들어졌고, 이들은 타인의 권리를 침해하지 않고, 재화를 얻기 때문에 그들의 자유를 존중해야 한다. 이와 마찬가지로 익스프레스 패스는 타인의 권리를 침해하지 않았을 뿐만 아니라 구매자들이 원하는 요구 사항을 들어줬기 때문에, 오히려 신뢰를 받는다. 라인스탠더는 각자 인간의 거래였다면 익스프레스 패스는 기업과 개인 간의 거래이기 때문에 오히려 구매자(경제적 여유가 있는 자)들은 신뢰하여 살 수 있고 이러한 과정에서 구매자 판매자 모두가 이익을 취하며 이로 인해 재화가 필요한 자들에게 재화가 들어가게 되어 시장이 활성화가 된다.

쟁점2 : 익스프레스 패스 제도는 시간의 효율적 분배를 위함이다.

사람들은 여태까지 놀이동산뿐만 아니라 자신이 원하는 상품에 서비스가 있는 경우, 남들보다 빨리 행동을 해야 기다리지 않고 즐길 수 있기에 상품 하나하나에 시간이라는 또 다른 가치를 낭비하게 된다. 만약 당신이 놀이동산의 갔는데 남들보다 늦게 도착했다면, 당신은 타고 싶은 놀이기구, 인기가 많은 놀이기구를 타러 가겠지만, 인기가 많은 만큼 그 놀이기구에는 집약적으로 인구가 집중되어 당신은 그것을 타는데 몇 분 아니 몇 시간을 기다리게 될지도 모른다. 그런 이유로 이러한 문제를 해결하기 위해서는 익스프레스 제도가 필요하다.

쟁점3 : 익스프레스 패스 제도는 행복이나 사회적 효용의 극대화를 위함이다.

경제적 여유가 있는 사람들은 자신이 원하는 상품이나 서비스에 가치를 부여하여 그만큼의 가치를 부여함으로써 자신의 행복, 만족감을 얻을 수 있고, 익스프레스 패스를 파는 판매자 역시 이익을 취함으로써 사회 전체의 효용이 증가한다.

입론 : 자본주의에서 우리는 개인의 이윤을 추구하는 과정에서 익스프레스 통과라는 서비스를 팔게 되었고, 타인의 권리를 침해하지 않는 과정에서 개인이 사거나 팔 수 있는 자유를 존중해줘야 하며 이러한 것을 하는 과정에서 많은 재화가 이동하기에 시장의 활성화와 자원의 효율적 배분이 가능해진다. 그뿐만 아니라 기다려서 줄을 설 필요도 없어 시간을, 절약을 할 수 있고, 이를 통해 구매자는 행복이나 만족감을 얻을 수 있고, 판매자는 원하는 재화를 얻을 수 있으며 이것이 더욱 증가한다면 판매자가 구매자에게 더 좋은 서비스를 제공하여 결국 사회 전체적으로 효용이 증가하는 것이기 때문에 익스프레스 제도를 폐지하는 것에 반대한다.

토론계획서 수행평가

> **수행 과제.**
> 토론개요서의 주제 도서는『돈으로 살 수 없는 것들』(마이클 샌델)이며, 독서 감상록은 주어진 주제를 가지고 책을 읽고, 느낀 점과 함께, 토론 주제와 관련한 팀의 생각을 적으면 됩니다.

수행 과제 『돈으로 살 수 없는 것들』(마이클 샌델)을 읽고, 느낀 점과 함께 어떤 것이든 재화로 환산할 수 있는지 실제 팀의 생각을 정리해 보기

『돈으로 살 수 없는 것들』을 읽고, 재화로 환산할 수 없는 사랑과 시간에 대해 논하고자 합니다. 최근 신문이나 뉴스 등을 보면 범죄를 저질러도 보석금을 통해 풀려나거나 여러 고위 계층의 자녀들이 쉬운 방법으로 대학에 들어가는 것을 볼 수 있다. 실제로 미국에서는 죄수들이 하루에 82달러만 내면 교도소에서도 호텔 못지않은 생활을 누릴 수 있는 교도소가 있다. 그뿐만 아니라 6,250 달러를 내면 인도 여성을 대리모로 선정하여 아이를 낳게 할 수 있다.

이렇게 돈으로 거래되는 자본주의의 현실을 보면서 우리는 쓸쓸함을 느끼지만, 한편으로는 돈으로 모든 것이든 할 수 있다는 자본주의의 생각을 품고 있는 우리들의 모습이 충격으로 와 닿는다. 이런 공감대를 갖고 있음에도, 우리는 '그래도 진실한 사랑과 노력은 책을 읽고 돈으로 살 수 없지 않을까?' 라는 생각을 하였다. 실제로 배우자의 돈, 권력, 명예 등을 보면서 결혼하는 경우는 봤지만, 그것들은 진실이 있는 사랑이 아니다. 마음속 깊이 진심으로 사랑하는 것은 상대방의 외면이 아니라 그 사람의 행동 하나하나를 통해 그 사람의 내면(인성)을 보는 것이다. 그들이 가지고 있는 단점까지도 장점으로 볼 수 있는 그런 마음이 재화(돈)로는 살 수 없는 사랑이다.

내가 좋아하는 프로선수, 좋아하는 가수들에게 열렬한 애정을 갖는 것도 팬으로서 사랑에서 나오는 것이다. 또한, 내가 평소에 좋아하는 만화나 영화 속 캐릭터나 저의 진로에 무한한 꿈을 실어 주시는 선생님에 대한 존경심, 자식을 위해 본인들의 많은 것을 희생하시는 사랑은 조건 없는 아가페 사랑이다. 이러한 사랑과 헌신이 돈을 주고 살 수 없는 것이라고 우리 팀원들은 생각하였다.

또 한 가지로 재화로 살 수 없는 것 중, 하나로 시간을 생각하였다. 시간은 공전과 자전에 따라 해가 뜨고 지고, 계절이 바뀌는 것을 보고 어제와 오늘 그리고 내일을 추측할 수 있는 추상적인 개념이기 때문에 돈으로 살 수 없다고 생각했다.

책을 읽고, 자본주의로 들어서기 시작한 우리 사회는 돈을 가지고 원하는 물건들을 사는 사례들을 경험할 수 있었다. 모든 것을 시장에서 교환 가능한 것으로 만들면 사랑, 헌신, 봉사, 명예 등 인간사회의 덕목은 사라질 수 있다는 것을 느낄 수 있었다. 경제적 가치보다, 우선되어야 할 윤리를 위하여 효율성만 추구하기보다는 우리에게 있어서 정말로 소중한 것이 무엇인지 윤리적 태도를 배울 수 있었다.

오로지 돈으로 모든 것을 환산할 수 있는 것에 대해 부정적인 예로 사랑과 시간에 대해 생각하는 계기가 되었다.

학교생활기록부 세부능력특기사항 기록 예시

세부능력특기사항에는 학생의 학업 태도 및 학습활동에 대한 선생님의 평가가 기록된다. 선생님은 학생이 무엇을 배웠으며 배운 것을 어떻게 활용했는지, 과목 학습을 통해서 어떻게 성장했는지, 자신의 진로를 어떻게 구체화해 갔는지, 과목 학습을 더 잘하기 위해서 책을 얼마나 읽었는지 기록하는 것이다.

구체적으로는 수업을 적극적으로 수강했는지, 수행평가를 성실히 했는지, 모둠 수업 활동은 어땠는지, 토론 수업에 주도적으로 참여했는지. 친구들과의 관계는 어땠는지, 뒤처지는 친구를 위해 무엇을 어떻게 도움을 주었는지, 많이 안다고 교만은 않았는지, 자신의 능력을 친구들과 얼마나 나누려고 했는지, 의문을 해결하기 위해 선생님께 적극적으로 질문했는지, 질문의 수준은 어땠는지 등을 기록으로 남기는 것이다.

특히 대학은 세부능력특기사항의 전체 기록을 바탕으로 학생을 평가한다. 세부능력특기사항은, 한 학생에 대한 교과 과목 선생님들의 평가가 함께 실리기 때문에, 대학은 학생부 어느 항목보다 세부능력특기사항 기록을 높이 신뢰한다. 전 과목 세부능력특기사항 기록을 통해 학생의 문제해결능력, 의사소통능력, 인성, 사고력, 논리력, 합리성, 객관성, 배경 지식 유무 또는 독서 역량, 영어 역량 등을 확인한다.

역사학과 생활기록부 예시

1. 장래희망

역사의 과정을 탐구하며 fact와 왜곡의 질서를 이해하고자 노력함. 역사 관련 활동을 좀 더 심화해 다루기 위한 기초지식 으로서의 역사체험 활동을 하고 경험과 지식을 확장하기 위해 관련 분야 경험을 확충함. 역사가로서의 윤리적 태도 함양을 위해 독서 활동을 계획하고 조선왕조실록을 읽던 중 세종대왕의 백성 통치에 깊은 관심을 가짐. 국가지도자의 섬기는 리더십이 왜 중요하며 더 나아가 그러한 통솔력이 어떤 일을 행할 수 있는지에 대해 사례를 찾아 발표 등 역사적 인물에 조예가 깊어 보임. 역사 과목 수행평가에서 관련 PPT를 만들어 발표하는 등 역사에 많은 관심을 보임. 역사탐방 동아리 활동을 하며 보고서 작성과 토론 활동을 통해 정규 수업과 교과서로는 알지 못했던 역사의식을 고취시킴. 역사학자에 구체적인 꿈을 구체화함.

1-1. 문학

문학 작품에 관심이 많고 수업 중에, 적극적인 발표를 하며 활발히 수업에 참여함. 이세보 "농부가" 정극인 "상춘곡" 수업을 토대로 빈칸 넣기에 대한 평가를 통해, 농부 입장으로 상황을 상상하여 여러모로 작품을 분석하고 이광재 "나라 없는 나라" 동학혁명과 비교하여 역사적 관점에서 이해하고자 노력함. 어휘력이 풍부하며 작품에 대한 이해력과 감상력이 뛰어나고 창의력이 있어 보임.

1-2. 독서와 문법

수행평가인 칼럼 스크립트를 제출할 때 칼럼에 대한 자신 생각을 긍정적 또는 비판적으로 의견을 제시하는 분석력이 뛰어나 보임. 말과 글에 관심이 깊고 어법이나 문법에 대한 탐구 능력이 뛰어나 문법 관련 학업 성취도가 높음. 다양한 주제의 글에 흥미를 보이고 글을 분석하고 통찰하는 능력이 우수함. 김성수 PC방, 살인사건을 토대로 조선시대 살인사건을 조사하여 발표함.

1-3. 실용 영작

교과서 본문 내용 중 역사와 관련된 문장을 뽑아 말하기 발표를 함. 다양한 주제의 대화나 담화를 듣고 핵심 내용의 이해와 작문의 정황 파악이 정확함. 역사 현상에 대한 호기심을 가지고 바른 태도로 수업에 임하고 수업 내용을 꼼꼼하게 정리하는 등 수업 과정에서 성실성을 높이 칭찬함.

1-4. 영어

영어 명언 10개를 간추려서 제시 후 쓰기 시험에 뛰어난 향상을 보임. 문장에 대한 이해력이 빠르고, 어휘력이 풍부하여 전체 글 내용 파악이 빠르며, 구문을 분석하고 이해하는 독해 능력이 탁월함. 역사적 인물에 대해 영어 문장을 찾아 읽는 진취성이 뛰어나 보임.

1-5. 미적분

미적분 학의 개념과 의미를 정확하게 이해하여 응용할 수 있으며, 미적분학을 단순히 공식 암기를 통해 문제를 해결하는 그치지 않고 실생활에 응용, 경제, 역사적 관점에서 다양하게 재해석하는 능력이 탁월함과 동시에 관찰력이 돋보임. 문제를 변형하거나 심도 있게 고찰하는 능력이 있어 다양한 시각으로 문제를 풀어나가는 문제해결능력이 있어 보임.

역사학과 생활기록부 예시

1-6. 일본어
의사소통 활동과 문학 이해와 관련된 학습에 있어 이해력과 응용 능력이 뛰어나 여러 일본 관련 서적을 찾아보고 일본어로 정보를 검색해 보는 등 통합적인 언어 능력을 키우고자 노력함. 위안부 할머니에 애정을 가지고 수요 집회에 참석하는 등 한일의 역사적 관계에 깊은 관심을 가짐.

1-7. 세계 지리
수업에 대한 준비가 잘 돼 있고 차분하고 성실하게 수업에 임하면서 역사를 보는 관심을 키우고 역사적 상상력을 키워감. "말랑하고 쫀득한 세계지리 이야기" 책를 읽고 세계 지리 역사의 특성을 이해하고 이러한 과정을 통하여 도포, 그래프. 지도 등의 다양한 자료를 읽고 분석하는 "지리도해능력"을 향상하기 위해 노력을 함.

1-8. 한국지리
지도를 읽고 분석하는 능력이 뛰어나고 지리적인 문제를 해결하는 능력이 있음. "DMZ 지리 이야기" 책를 읽고 지역별 도시의 공업 특성을 찾아 발표하는 등, 지리 현상에 대한 개념, 이론, 관점에 대해 잘 이해하고 있으며 이를 바탕으로 풍수지리설에 대한 역사적 근거를 찾아 발표하는 노력을 보임.

1-9. 법과 정치
법과 정치에 대한 흥미와 관심이 매우 높으며, 헌법 개정에 대해 자신의 의견을 발표하는 교과에 대한 열정이 뛰어나 보임. 교과서에서 배운 전 범위를 "코넬식 노트기법"으로 정리한 학습법으로 빈칸 채우기 시험에 뛰어난 성적을 보임. 법과 정치를 역사적 관점에서 이해하고, 친구들에게 설명해주며 항상 바르고 겸손한 태도로 노력하는 학생 임.

1-10. 세계사
중국 근대국가의 수립 운동 중 양무운동과 변법자강운동에 대해 PPT를 통해 발표함. 중세 유럽에 대한 개념을 성실하게 학습하는 훌륭한 학생. 세계사에 관심을 가지고 세계와 우리나라를 시대별로 나누어 분석해 보는 열정을 가짐.

1-11. 상설 동아리-반크
역사를 이해하고 호기심이 많아 다양한 활동에 적극성을 보임. 위안부에 대한 역사적 관점에서 할머니들의 겪은 고초에 대해 발표하고 수요 집회에 참석하는 역사관이 뚜렷한 학생 임. 인사동에 나가 외국인들에게 우리나라를 소개하고, 이순신박물관과 독도전시관과 윤봉길 의사기념관을 역사체험하고 배우고 느낀 점을 영어로 발표함.

1-12. 행동특기사항
품성이 이타적이며 사려 깊고 친절하고 따뜻한 성품으로 다정다감하면서 예의 바르며, 상대방을 잘 이해하고 배려하는 포용력이 있어 급우들에게 신뢰가 있음. 상설동아리에서 동아리 구성원들을 잘 이끌어가고, 역사적 사건을 다룬 토론 활동에 적극적으로 참여함. 잘 알려지지 않은 역사적 인물을 조사하여 발표하는 등, 진로가 구체적으로 보임. 독도가 우리나라 땅임을 조사하여 학급 신문을 만들어 홍보하는 등, 꾸준히 역사에 대해 호기심을 보임. 항상 긍정적이고 바른 태도로 수업에 임하여 면학 분위기 조성에 크게 공헌하며, 자신의 목표를 이루고자 하는 의지가 강하며 꾸준히 노력하는 자세가 돋보이므로 장래가 촉망되는 창의력이 있는 학생 임. 앞으로 꾸준히 노력하면 역사에 관련된 분야에 더욱 큰 성과가 있을 것으로 기대가 됨.

정보보안학과 생활기록부 예시

2. 진로 희망

해킹과 관련된 암호 체계에 관심과 호기심을 가지고 정보보안의 함양을 위해 독서를 확장 해나감. "진화된 마케팅 그로스 해킹"을 읽고, 해커들에 대한 보안체계를 지키는 기초지식을 쌓기 위해 관련 분야의 경험을 확장 시켜 나감. 사회를 해커들의 안전망에서 지키기 위해 정규수업에서는 알지 못했던 관련 분야에 배경 지식을 연구하고 싶다는 포부를 가지고 정보보안학과로 진로를 구체화함.

2-1. 물리

물리 부분을 이루는 요소가 서로 의존하여 관계를 맺으며, 서로 제약하는 현상인 역학관계를 학습함. 힘의 평형을 다루는 정영학, 힘과 운동의 관계를 다루는 동영학, 운동만을 다루는 운동학을 조사하여 발표함. 서로 의존적 관계가 있는 해킹과 보안 관계에 대해 지식을 확장 시켜 나가는 창의력이 뛰어나 보임.

2-2. 생명과학

밝은 성격으로 활기찬 수업 분위기를 주도하며, 집중력이 뛰어나 문제를 빠르고 정확하게 해결해 나가는 능력이 있음. 멘델 유전 법칙에 의한 이해력이 뛰어나 사람의 유전에도 적용할 수 있었으며, 멘델의 유전 법칙이 적용되지 않은 중간 유전에 관심을 보여 그 예들을 직접 찾아 조사해 보는 적극성을 가짐. 생명 존중에 대한 존엄성을 가지고 해킹으로 인한 인명피해를 최소화하는 방법에 깊은 관심이 있는 학생임.

2-3. 지구과학

적극적인 학습습관을 가지고, 교과서로는 알지 못했던 천체의 상대적 위치에 따라 관측 시각과 방향이 달라짐을 이해하고 하현달이 뜨고 남중 하고 지는 시각을 교구를 활용해 정확하게 발표함. 우주 쓰레기의 심각성을 알고 우주 쓰레기의 속도를 낮춰 처리하는 과정에서 버려지는 것과 막는 것에 대해 보안 관계에 호기심이 있어 보임.

2-4. 화학

수업 태도가 좋고 화학에 대해 흥미를 느끼고 공부하며, 칼륨(Ca)과 루비듐(Rb) 두 가지 원소의 유래와 발견 과정, 사용처, 위험성 등 다양한 정보들을 조사하고 두 원소의 사용처와 위험성에 대해 해킹과 보안 관계에 비유하여 발표하는 융합적 사고력이 뛰어나 보임.

2-5. 문학

성실하게 임하는 수업 자세와 흐트러짐이 없는 꾸준함이 있는 학생 임. 문학 작품을 감상하는 능력에 있어 "인간과 삶"에 대한 깊은 관심을 바탕으로 뛰어난 능력을 보임. 시어의 올바른 의미 도출을 위한 토론 형 수업에서 다른 학생들의 의견을 수용하는 등 낙천적이고 포용적인 모습을 보이고 자신이 관심 있어 하는 보안 정보에 대해 의견을 발표하는 등 진취적인 모습을 보임.

정보보안학과 생활기록부 예시

2-6. 미적분

학습활동이 활발하고, 적극적이며 수업에 흥미와 관심이 매우 높음. 수업 중에도 친구들에게도 멘 토로서 적극적으로 도움을 줌. 수열의 극한, 함수의 극한과 연속, 미분의 개념을 이미지화 시켜 복잡한 상황에서 개념을 설명할 수 있고, 문제해결능력이 뛰어나 4차 산업 시대 융합적 사고력을 갖춤.

2-7. 영어

어휘력을 바탕으로 주어진 문장을 상황에 맞추어 이해하는 독해력이 뛰어남. 친구들과 영어로 대화할 수 있을 정도로 말하는 능력이 있어 보임. 글쓰기에서 어휘 및 표현의 선택이 적절하고 내용이 잘 구성되어 있음. 또한, 해킹과 관련된 문장을 찾아 읽는 등 해킹과 보안 사항에 깊은 관심을 보임.

2-8. 기술

수업시간 중 교과 과목과 잘 연계된 수행평가로 기업가가 빅데이터를 활용하여 성공한 사례를 조사하여 발표함. 빅데이터를 활용하여 성공한 기업가에 대해 알아보는 것에 대한 열의가 높으며, 이해하지 못한 부분은 질문을 통해 알려고 노력하고, 빅데이터에 대한 기초지식을 확장하기 위해『빅데이터 빅마인드』(박형준, 리드리드)책을 찾아 독서활동을 함. 편의점에서 산 상품의 바코드에 찍혀 있는 정보를 통해 상품의 유통구조의 상태에 대해 의견을 발표하는 과정이 논리적 임. 빅데이터를 이용해 경영에 접목해 보려는 창의적인 생각이 뛰어나고 관련된 동아리 활동도 적극적으로 참여함.

2-9. 동아리활동

해킹과 보안 관계에 대해 꾸준히 책을 읽으면서 이슈 사건을 중심으로 기사를 발췌하여 부원들과 토론 활동을 하면서 진로를 준비하는 자세가 돋보임. 해커들의 소행으로 사회가 혼란에 빠지는 것을 방지하기 위하여 정보보안에 대해 좀 더 심화해 연구하기 위해 책과 유튜브를 통해 꾸준히 경험과 지식을 쌓아 나가는 목표의식이 있어 보임.

자기소개서 성장과정 사례

성장과정: 어머니의 눈물 <호기심을 자극하는 주제>

기: 원칙을 지키는 것이야말로 가장 중요한 일이라고 생각합니다.

승: 어릴 적 도벽이 심했습니다. 아버지의 체벌로도 고쳐지지 않았습니다.

전: 회초리를 드신 어머니의 눈물을 보았습니다. 그 눈물로 인해 도벽은 사라졌습니다.

결: 나쁜 행동을 하게 되면 나 때문에 괴로워하는 사람이 생긴다는 것을 알았습니다.

이런 일을 통해 원리를 지키는 것이, 주변 사람들에게 신뢰를 준다는 당연한 진리를 깨달았습니다. 이 경험이 있고 난 후, 원칙을 지킬 방법을 찾아보는 습관이 형성되었습니다. SK 이노베이션에 입사해서도 "원칙을 잘 준수하는 사원이 되겠습니다.

성격의 장. 단점: 비결이 있다면 성실함 입니다. <직관적 주제>

기: 지난 40억년 동안 그래왔던 것처럼 해시계는 한순간도 멈추지 않았습니다.
    해시계와 같은 성실함이 나의 성격의 특성입니다.

승: 취미로 시작한 운동 그러나 하루도 거르지 않았습니다.

전: 새벽 조기 축구, 걸어서 출퇴근, 마라톤 전 구간 6회 완주, 철인 대회 완주를 했습니다.

결: 때로는 융통성이 없다는 이야기도 듣지만 성실함을 바탕으로 목표를 이루어 냈습니다.

철인대회에서 목적지를 위해 죽다 살아난 경험보다 목표를 완주했다는 확인 도장이 소중한 기억으로 오래 남아 있습니다. 현대증권에 입사해서도 프로젝트를 하면 항상 마지막까지 남는 1명의 사원이 되겠습니다.

[정리] 기, 승, 전, 결로 쓰고자 하는 내용을 구성하고, 그 내용에 기초하여 글을 확장하여 쓰면, 좋은 자기소개서가 완성될 수 있다.

자기소개서 성장과정 사례

<"전지현 만들기, 쉬웠어요.">

중국 북경 지역의 피부관리사 이었습니다.

북경 외국어대학교에서 어학연수를 받은 지 몇 개월이 지났습니다. 같은 학교에 다니는 중국인 친구가 제 볼을 늘 만지는 것이었습니다. 계속, 이유는 말하지 않고 행동만 반복되자, 인내심의 한계와 와서 친구를 붙잡고 이유를 물었습니다. 그러자 친구는 "내가 화장하면 마치 경극 배우처럼 보이는데, "너는 어떻게 화장을 했기에, 그렇게 예뻐?"라고 물어보았습니다. 중국어 연수만 목표했던 저는 중국인 친구로 인해 화장법에 깊은 관심을 가지는, 동기가 되었습니다.

제가 화장법을 알려준 1개월 후, 친구가 혼자 화장을 할 수 있을 정도가 되었고, 멋진 화장으로 인해, 주변에 많은 관심을 받게 되었습니다. 달라진 친구의 모습을 보고, 저에게 다른 친구들이 화장법에 대해 배우기를 요청했습니다. 화장을 안 하고 다니던 친구들이, 제가 사용하는 아모레퍼시픽을 선택하고, 아모레퍼시픽 북경지점에서 "라네즈 슬라이딩 팩트"를 구매하여 친구들이 원하는 전지현이 되었습니다.

이런 경험을 통해, 화장품 매출을 올리기 위해서는 관광객들로 의존하는, 서울 명동보다 중국 현지가 훨씬 장점이 있다는 사실을 알게 되었습니다. 아모레퍼시픽은 "1,300점포, 아리따움" 전문 체인을 가지고 있습니다. 저의 중국어 실력과 경험으로 20대 중국인에게 아리따움을 쓰면 전지현이 될 수 있다는 것을 소개하고, 현장에서 매출 상승 기대 효과를 만들어 보겠습니다.

대학 수시종합전형 합격 자기소개서 사례

 내신성적이 좋지 않아 자신이 가고 싶은 전자통신학과에 초점을 맞추고 다양한 학교생활을 함으로써
자신이 원하는 건국대학교에 입학한 학생 사례입니다.

**1. 고등학교 재학 기간 중 학업에 기울인 노력과 학습 경험에 대해, 배우고 느낀 점을 중심으로 기술해
   주시기 바랍니다. (1,000자 이내)**

 1학년 수학Ⅱ 과목 시간에 융합 수업을 진행하던 중 스피커 설계 과정을 통해 기계와 소리가 하나로 어울려 아름다
운 소리를 내는 음향효과에 관심을 가졌습니다. 소리가 어떻게 나는지 궁금증이 들어 에디슨이 발명한 원통형으로
말아낸 얇은 주석을 사용하는 축음기에 대해 자료를 수집하여 조사를 해보았습니다. 판의 홈집을 따라 바늘이 움직
이도록 하고, 바늘의 진동을 소리로 바꾸면 녹음한 소리를 들을 수 있다는 사실을 알게 되었습니다.

 LP을 인터넷에서 찾아 소리를 들어보았습니다. LP판에 맞추어 기타를 치면서 LP에서 나오는 음향 소리에 매력이 빠
져가게 되었습니다. 호기심의 확장으로 대칭 이동을 이용하여 소리의 경로를 유추해 " 도핑 스피커 만들기 "를 해
보고, 그 과정을 정리하여 발표했습니다. 발표를 준비하는 과정에서 두려움을 극복할 수 있는 용기를 배울 수 있었고,
결과보다는 과정도 중요하다는 것을 느낄 수 있었습니다. 꿈을 향해 성장해가는 의미 있는 경험을 하였습니다. **〈본
인이 수학 수업시간에 음향리에 대한 관심을 가지고 축음기에 대한 관심을 가지고 자료를 수집하였습니다. 자료수집
과정 중 LP판에 관심을 확장해 나갑니다. 확장 중 소리의 경로를 알아보기 위해 " 도핑 스피커 "를 만들어보며 꿈을
확장해 나갑니다.〉**
 영화관에서 음향효과는 어떻게 구성되어 나오는지가 궁금해졌습니다. 영화관을 찾아가 음향 구성에 대해 알아보았
습니다. 영화관은 음향효과를 위해 무대 앞에 두 개의 스피커를 무대 앞에 배치했습니다. 관객이 음향 소리를 선명하
게 잘 들을 수 있다는 점을 고려하여 대사 전용 트랙이 설치되었고, 서 라운드 기술이 발전되었다는 사실을 조사를
통해 알게 되었습니다. 사고의 확장이 독서로 이어져 "소리혁명" 책을 읽게 되었습니다.

 4차 산업혁명 시대가 가속화되면서 엔지니어와 연관성이 있는 음향 소리의 시대가 다가온다는 것을 알게 되었습니
다. 4차 융·복합의 시대에 맞추어 음향 엔지니어를 건축, 자동차, 휴대전화 등과 관련해, 전문지식을 쌓을 수 있었고
호기심을 채워 나갔습니다. 또한, 음향과 엔지니어와의 내용을 여러 교과 과목에 접목해 수업에 적극적으로 참여할
수 있었습니다. 이런 활동을 탐구 자세로 전공에 관련된 교내 활동 수상경력 대회로 이어지고 적성을 이용한 창의성
을 지닌 인재상으로 성장할 수 있었습니다. (998자) **〈도핑스피커를 만드는 과정에서 끝나는 것이 아니라 영화관에서
나오는 음향 소리에 관심을 가지던 중, 기초 역량 향상을 위해 독서로 이어집니다. 독서를 통해 4차 산업시대 융, 복
합의 중요성을 알게 되고 과목을 연계해 공부합니다. 이런 과정이 교내 대회 참가로 이어지고 있습니다.〉**

대학 수시종합전형 합격 자기소개서 사례

2. 고등학교 재학기간 중 본인이 의미를 두고 노력했던 교내 활동을 배우고 느낀 점을 중심으로 3개 이내로 기술해 주시기 바랍니다. 단 교외 활동 중 학교장의 허락을 받고 참여한 활동은 포함됩니다.(1,500자 이내)

자율 활동은 진로에 대한 저의 도전으로 다양한 활동이 음향 엔지니어 조사로 이어졌습니다. 사람의 목소리와 외모와의 관계는 어떤 관련성이 있을까? 이러한 호기심을 해결하기 위해 백일장 대회에 참가해서 주제를 "외모와 목소리 관계"로 정했습니다. **〈음향엔지니어로 관심이 확장되고 백일장 대회 주제도 음향으로 정했다는 내용입니다.〉**

우리는 모르는 사람과 전화 통화를 할 때 목소리가 좋으며 호감이 가서 상대방에게 우호적이고, 학교 선생님이나 EBS 강사도 목소리가 좋으며 수업의 집중도도 높아짐을 알 수 있었습니다. 도구를 통한 음향 소리도 음향 소리가 좋으면 집중해서 잘 들을 수 있다는 것을 알았습니다. 목소리로 범인을 잡는 음향전문가에 대해 알아보고 싶었습니다. 검색을 통해 소리를 통해 범인을 검거하는 OCN방송 "보이스" 드라마를 알게 되었고, 흥미를 느끼고 보면서 귀를 통해 들을 수 있는 소리에 대해 소리를 듣고 사람이 원하는 것을 해주는 현재 사용되는 로봇 종류와 미래에 사용될 로봇을 조사하고 내용을 작성해 정리할 수 있었습니다.

저의 목소리가 어떻게 형성되는지 음향 검사도 해보고, 같은 목소리인데 왜 마이크에 따라 다른 목소리 음향이 나오는지에 대해 살펴보는 등 음향 엔지니어의 꿈을 구체화 시킬 수 있었고, 활동을 통해 창의력을 키울 수 있는 기반을 만들 수 있었습니다. **〈목소리에 대한 관심을 확장해 가는 내용입니다.〉**

스토리크리에이터 자율동아리활동을 통해 4차 산업 시대 다양성에 대해 저의 관심을 확장 시켜 나갈 수 있었습니다. 확장된 관심을 펼쳐 나가기 위해서 하브루타 독서법으로 친구와 음향과 스피커를 주제로 토론할 수 있었습니다. 이 과정에서 경청의 중요성과 상대방의 의견이 틀린 것이 아닌 것 다르다. 라는 사실을 알 수 있었습니다. 하브루타 독서법을 통해 내가 내용을 정확히 알고 있어야 상대방에게 설명할 수 있다는 사실을 알고 가능한 요점은 간결하고, 짧게, 명확하게 말해야 상대방이 쉽게 이해할 수 있다는 사실을 느낄 수 있었습니다.

이런 과정을 통해 상대방과 대화를 할 때 가능한 주어진 상황에서 문장의 뜻을 이해하고자 노력했습니다. 영어 문장도 문맥을 통해 PBL(Problem Based Learning)방식으로 문장을 이해하고, 자기 주도 학습을 할 수 있었습니다. 자기 주도 학습으로 융. 복합에 대한 다양성의 독서를 할 수 있었습니다. "생명이란 무엇 인가"를 읽고 철학과 심리학이 물리학과 융합된다는 사실을 알게 되고, 음향과 엔지니어라는 융합 분야로 사고의 확장이 이루어질 수 있었습니다. **〈자율 동아리 활동을 통해 음향 내용을 가지고 친구와 토론활동을 합니다. 부족한 부분을 채우기 위해 독서 활동으로 이어지는 내용을 적었습니다.〉**

진로 활동에서 "화학에서 인생을 배우다"을 읽고, 화학결합에는 금속 결합, 이온 결합 및 공유 결합이 있다는 사실을 알게 되었습니다. 공유결합은 두 개의 비금속이 각각 가지고 있는 전자를 서로 내놓아서 공유하는 형식의 결합입니다. 공유결합에서 두 개가 하나 되어 새로운 창조물을 만들어 내는 것을 알고, 4차 산업 시대는 협업과 공동체 의식을 통해 창의성 있는 조화를 만들 수 있다는 것을 배울 수 있었습니다.

다양한 경험과 교과 학습을 배울 때 전공 적합성에 대한 개념을 이해할 수 있게 되었고, 창의력과 문제해결능력을 키울 수 있는 원동력이었습니다. (1,494자) **〈진로 활동에서도 독서를 통해 자신이 관심이 있는 분야를 채워 나간다는 내용입니다.〉**

대학 수시종합전형 합격 자기소개서 사례

3. 학교생활 중 배려, 나눔, 협력, 갈등 등을 실천한 사례를 들고, 그 과정을 통해 배우고 느낀 점을 기술해 주시기 바랍니다. (1,000자 이내)

지역 어르신들을 위해 반찬 나누기 봉사를 했습니다. 지속적인 봉사로 이어지면서 소통할 수 있는 의미가 있는 활동으로 혼자 사시는 어르신에게 말벗이 되어주기로 했습니다. 용돈을 아껴서 간식도 살 수 있었습니다. 간식을 함께 먹으면서 학교에서 있었던 일과 공부 이야기와 친구들 이야기 등을 들려주었습니다.

처음에는 별 반응을 보이시지 않던 어르신께서 시간이 흐르자 어르신 가족과 과거에 관한 이야기를 들려주시며 손자처럼 대해 주셨습니다. 모르는 사람이 마음의 문을 열기 위해서는 마음이 통할 수 있는 진정성이 있어야 한다는 사실을 배울 수 있었고, 보이기 위한 봉사가 아닌 저를 볼 수 있는 봉사의 가치를 경험할 수 있었습니다. **〈봉사활동이 지속해서 이루어진다는 내용을 적고 있습니다.〉**

소중한 경험이 중증 장애인 봉사로 지속적으로 이어질 수 있었습니다. 거동이 불편한 분들을 위해 청소 해주기, 식사 도와 주기와 함께 외출하기를 하면서 장애와 비장애인들이 서로 잘사는 사회를 꿈꾸어 볼 수 있었습니다. 이런 활동을 통해 봉사를 재미있어서 매일 하고 싶어 하는 놀이로 생각됐습니다. 이런 생각 전환이 봉사를 통해 저 자신을 사랑하고, 되돌아 볼 수 있는 나눔의 과정으로 마음속에 남아 있습니다. **〈봉사활동이 중증장애인 봉사로 확장되는 과정을 적었습니다.〉**

수학과 과학 멘토링을 했습니다. 아이들이 수학문제를 푸는 데 어려움이 있었습니다. 저는 수학 문제 풀기에 앞서 개념을 설명해주었습니다. 개념을 이해하게 한 뒤 문제를 풀어보게 했습니다. 아이들은 관심을 가지고 도전했습니다. 저는 아이들이 흥미를 갖고 수학에 접근하는 것을 보고, 문제를 풀어서 저에게 설명을 해보라고 했습니다.

문제 풀이 과정을 확실하게 아는 아이는 풀이 과정이 명확 했습니다. 영어단어를 외우는데 아이들은 자주 단어를 까먹었습니다. 기억력을 향상할 방법이 무엇이 있을까 생각해보았습니다. 소리에 흥미가 있던 저는 자연의 소리를 들으며 단어를 외우게 했습니다. 소리 효과가 적용된다는 것을 알 수 있었고, 암기력이 향상되고 다른 과목에도 적용할 수 있었습니다. 이런 경험이 나눔과 배려 마음으로 지속해서 성장할 수 있었습니다. (997자)
〈멘토링 활동을 하면서 소리 효과가 적용된다는 내용을 자신의 전공과 연결 하고 있습니다.〉

대학 수시종합전형 합격 자기소개서 사례

1. 고등학교 재학 기간 중 학업에 기울인 노력과 학습 경험에 대해, 배우고 느낀 점을 중심으로 기술해 주시기 바랍니다. (1,000자 이내)

자신이 입학하고자 하는 역사 과목과 유사 과목 동아시아는 3년 내내 1등급 학생이 영어가 4등급이어서 3학년 1학기에 영어를 3등급으로 성적 추이를 하고, 교내 활동을 역사 학과에 맞추어 요건을 만든 숭실대학교와 인하대학교에 합격한 학생 사례입니다.

고등학교에 진학하여 치른 첫 모의고사에서 영어성적이 좋지 않았습니다. 주어진 시간 안에 문제도 제대로 풀지 못하고 문법과 듣기 능력도 기대 이하였습니다. 자신감이 떨어지고 스트레스도 상당히 심했습니다. 학습에 의욕이 떨어지다 보니 영어 교과에도 영향이 갔습니다. 단어도 외워보고 문법도 꾸준히 공부했지만, 성적은 늘 그대로였습니다. 수행평가에 집중하기로 했습니다.

수행평가 수업 시 친구들이 지문을 읽어가는 속도와 발음 등을 듣고 제가 느낀 장, 단점에 대해서 말해주었습니다. 고마워하는 친구들의 모습을 보고 영어에 대한 흥미를 찾을 수 있었습니다. 모르는 문법은 선생님께 질문하면서 기본능력을 다질 수 있었습니다. 독해력을 향상하기 위해 단어를 많이 암기했습니다. 전략적으로 정해진 양을 정해서 외우고 계속 반복해서 암기했습니다. 단어를 외우면서 단어 하나에 많은 다른 뜻이 있다는 것을 알았습니다.

우선 기본이 되는 단어의 뜻을 외운 다음 문장에서 이 기본적인 단어의 뜻을 문맥에 맞게 파생시켜 문장을 이해하려고 노력했습니다. 독해에 자신감으로 이어지고 문장을 앞에서부터 끊어서 빨리 읽는 훈련이 가능했습니다. 꾸준히 외운 단어와 앞에서부터 끊어서 읽는 습관으로 인해 듣기가 향상되었고, 영작에도 자신감을 가질 수 있었습니다. 이런 경험이 전공에 대한 내용물들을 영어로 작성할 수 있었고, 반복 학습의 중요성과 단어와 문장을 주어진 상황에 맞게 해석할 수 있는 능력을 느끼고 배울 수 있는 계기가 되었습니다. **〈부족한 영어 학습에 관한 내용을 적고 있습니다.〉**

전공과 관련하여 한국사와 동아시아 과목을 융합해서 공부했습니다. 백범일지를 읽고 윤봉길 의사가 일왕 거사를 준비하면서 김구 선생과 맞바꾼 회중시계 사연에 대해서 알게 되었습니다. 역사 체험을 통해 선조들의 애국심을 보고, 느끼고 싶었습니다. 임시정부와 윤봉길 의사기념관이 있는 상해로 역사 탐방을 하였습니다. 탐방을 통해 나라 잃은 슬픔과 독립된 국가의 소중함에 대해서 배울 수 있었고, 우리의 역사를 찾아 발굴하여 조상들의 창의성이 우수하다는 것을 다른 나라 역사와 비교하여 알리고 싶어졌습니다.

이런 열정이 한국사에서 동아시아 과목으로 확장됐습니다. 상해박물관을 둘러보고 중국의 전반적인 문화와 역사에 대해 이해하고 우리나라 문화와 비교해 우리나라 문화의 우수성에 대해 찾아보고자 했습니다. 이런 활동이 외국문화대회 탐구 대회로 이어졌습니다. 과목을 융합시켜 시대적 흐름을 이해하며 무엇이 아니라 왜 를 통해 어떻게 를 만들어 내는 창의적인 인재가 되고 싶습니다. **〈한국사와 동아시아를 연계해서 공부한 내용과 외국문화탐구대회로 이어진 내용을 적고 있습니다.〉**

대학 수시종합전형 합격 자기소개서 사례

2. 고등학교 재학 기간 중 본인이 의미를 두고 노력했던 교내 활동을 배우고 느낀 점을 중심으로 3개 이내로 기술해 주시기 바랍니다. 단 교외 활동 중 학교장의 허락을 받고 참여한 활동은 포함됩니다. (1,500자 이내)

교과과목으로 수업시간에 배울 수 없는 역사에 대해 기초적인 역량을 확장하고 싶어 독서활동을 했습니다. 우리나라 음식이 역사기록에서 어떻게 표현되는지 알고 싶어졌습니다. 책을 찾던 중 "단어로 읽는 5분 한국사" 책를 찾아 읽었습니다. 유물이나 기록이 아니라 어원으로 이해하기 쉽게 정리된 책이었습니다. 책에 나와 있는 음식들에 대해 그림을 그려 설명을 첨가하고 학급 게시판에 붙여 홍보할 수 있었습니다. 친구들이 흥미 있어 하는 것을 보고, 역사를 이미지로 만들어 설명해보고 싶어졌습니다.

인상 깊었던 백범 김구 선생과 윤봉길 의사 회중시계, 도시락 수류탄, 홍커우 공원 이미지를 가지고 친구들에게 설명해주었습니다. 친구들이 쉽게 이해했습니다. 세 개의 이미지를 갖고 역사의 한 드라마를 설명할 수 있다는 것에서 역사를 이미지화하여 역량을 확장하고 싶어졌습니다. 이전에 읽었던 "한국사에 감동하다" 라는 책이 생각났습니다. 책 내용에 나온 온돌, 석굴암, 직지, 목화, 한글 등을 한 장의 이미지를 통해 노트에 역사적 사실을 생각나는 대로 적어보았습니다. 그리고 소리 내어 말로 자신에게 설명해보았습니다. 설명이 제대로 이루어지지 않는 부분은 다시 내용을 확인해 반복해서 설명했습니다. 학습에 대한 자신감과 제가 아는 것과 모르는 것을 확실하게 느낄 수 있었습니다. 〈**독서 활동을 통해 역사에 대한 기초 역량을 성장시켜 나가고, 자신에 맞는 학습법을 통해 자신이 알고 설명할 수 있는 단계로 발전시키는 내용입니다.**〉

해외에 반출된 우리나라 문화재에 대해 귀환과 보존에 대해 관심이 많아 자율동아리활동 창립하여 회장을 했습니다. 고1 때 지하철 3호선에 해외로 팔려 나가거나 반출된 "사계풍속도병", "조선 왕실회화 십 자생 병풍" 작품으로 래핑된 "문화재 귀향 문화기열차" 를 본 적이 있습니다. 저는 동아리 선생님께 우리 문화를 잊지 말고 기억할 수 있게 홍보할 방법이 있는지 여쭈어 보았습니다. 선생님께서는 학교에서 예산을 지원받아 주시면서 홍보할 방법을 찾아보라고 말씀하셨습니다. 저는 국외 소재 문화재 재단을 찾아가 반출된 문화재에 대해 알아보던 중 21개국에 십팔만여 점이 흩어져 있는 것을 알았습니다. 그중 가장 관심이 가는 문화재는 세계에서 가장 오래되고 구텐베르크보다 78년 앞선 직지심체요절 이었습니다. 〈**문화재 반출에 관심을 가지고 홍보할 방법을 찾는 내용입니다.**〉

우리 조상들의 문화재에 대한 창의적 생각에 자부심을 느꼈습니다. 직지에 대해 구체적으로 알고 싶어 김진명 작가의 "직지" 책을 읽었습니다. 책 줄거리를 통해 금속활자에서 반도체로 이어지는 한국인의 우수한 정체성을 느낄 수 있었습니다. 반출된 문화재 몽유도원도를 포함하여 중요 문화재를 조사하여 발표하고 프레젠테이션을 만들어 친구들에게 SNS를 통해 반출된 문화재의 환수를 홍보하고 있습니다. 문화재를 어떻게 하면 환수가 될 지 관심을 가지고 방법에 대해 알아보았습니다. 〈**반출된 문화재 환수에 관해 관심을 가지는 내용입니다.**〉

외국의 정부 기관이 소장하고 있어 계약체결이 필요한 경우 외교부가 협상을 주관하고 문화재청이 협력하는 방법과 외국 소장자가 박물관, 종교기관, 민간기관 등에서 조약체결이 필요하지 않으면 문화재청이 직접 협상을 하는 것이 있고, 외국의 민간인이 소장하고 있고 지역의 정체성을 상징하는 경우 민간단체에서 직접 협상을 시도할 수 있다는 내용을 조사하여 보고서를 작성 발표했습니다. 활동 과정에서 정부와 문화재청의 노력으로 조선왕조실록, 덕혜옹주의 유품 등이 반환되어 우리의 귀중한 문화재로 환수되었다는 사실을 알았습니다. 동아리활동을 통해 우리 문화재의 소중함을 느낄 수 있었고, 박명선 박사처럼 해외에 흩어져 있는 우리나라 문화재를 찾기 위해 노력하겠습니다. 〈**흩어져 있는 문화재를 찾는 방법을 제시하고 있습니다.**〉

대학 수시종합전형 합격 자기소개서 사례

3. 학교생활 중 배려, 나눔, 협력, 갈등 등을 실천한 사례를 들고, 그 과정을 통해 배우고 느낀 점을 기술해 주시기 바랍니다. (1,000자 이내)

교회에서 봉사할 기회가 있어 장애인 사회복지기관을 방문하였습니다. 불편한 몸으로 우리를 반갑게 맞이해 주며 준비한 노래를 불러주었습니다. 찾아오는 사람들을 위해 많은 시간을 들여 연습한 노래를 부르는 모습이 너무나 아름다워 보였습니다. 사랑을 나누고 싶어 지적 장애인 단기 거주 시설을 찾아가 봉사활동을 했습니다.

장애인들이 단기 거주하는 곳으로 일정 기간이 지나면 다른 시설로 이주를 해서 서로에 관한 관심과 배려가 보이지 않았습니다. 몸도 불편하여 혼자 거동하기도 힘들고 식사도 타인의 도움을 받아야 먹을 수 있었습니다. 저는 함께 모여 식사를 할 수 있도록 노력했습니다. 잠깐 머물러 있다가 헤어지기 때문에 서로에 대해 정을 나누지 않았습니다. 어떻게 하면 한 자리에 자연스럽게 모일 수 있을까에 대해 생각했습니다. **〈장애인 봉사활동에 대한 애로사항을 적고 있습니다.〉**

용돈을 모아 간식을 사서 가서 노래를 부르며 함께 할 것을 부탁했습니다. 차츰 어색한 관계가 없어지고 서로가 말동무가 됐습니다. 식사도 같이하며 웃음꽃도 피울 수 있었습니다. 상대방에 대한 배려가 닫힌 마음을 열 수 있다는 것을 배울 수 있었습니다. 우리는 함께 모여 주변의 청소도 같이하고, 게임도 하며 서로서로 이해하며 즐거운 시간을 나눌 수 있었습니다.

지적 장애인도 진정성과 인내심을 가지고 그들의 억눌린 말을 들어주고, 그들의 편이 되어주면 소통이 이루어진다는 것을 느낄 수 있었습니다. 지적 장애인에 대한 이타심의 실천으로 친구들의 안전을 위해 교통지도 봉사활동으로 이어질 수 있었습니다.
책임감을 느끼고 학급 부회장을 맡아 헌신적으로 학급 일을 했습니다. 쓰레기를 분리하지 않고 버려 다시 분리수거를 해야 했습니다. 저는 분리되지 않고 버려진 쓰레기를 정리하여 분리수거함과 일반 쓰레기통에 분리 작업을 했습니다. 친구들도 차츰 쓰레기를 분리하여 버림으로써 자발적인 참여가 이루어졌습니다.

천식이 있는 친구가 있었습니다. 저는 친구를 위해 할 수 있는 것을 생각해보았습니다. 일찍 등교하여 친구 책상을 닦아주고 창문을 열어 환기를 시켰습니다. 저를 보고 환하게 웃는 친구 모습에서 나눔을 느낄 수 있었습니다. 축구를 하다가 발목을 다친 친구가 있었습니다.
등하교시 몸이 불편한 친구의 가방을 들어주고, 급식도 챙겨주는 모습을 통해 지적 장애인 봉사활동이 인성을 쌓을 수 있는 소중한 경험이 되었다는 것을 배울 수 있었습니다. 책임감과 나눔의 마음으로 전공에 대해 확신을 찾는 계기가 되었습니다. **〈학급을 위한 봉사활동 내용을 적고 있습니다.〉**

대학 수시종합전형 합격 자기소개서 사례

4. 해당 모집에 지원하게 된 동기와 지원하기 위해 노력한 과정을 구체적으로 기술하시오. (1,500자)

지난 3년간 마음을 담아 시작한 봉사활동 한 주도 거르지 않았습니다. 한결같은 성실함으로 책임감을 이루어 냈습니다. 임진왜란 때 많은 조선인이 희생되어 일본에 방치된 사실을 역사 탐방을 통해 알게 되었습니다. 임진왜란이 왜 일어났고 그 당시 조선의 시대적 상황은 어떠했는지 조사했습니다.

무능한 지도자와 당파싸움으로 인한 결과가 백성들의 고초로 이어졌다는 것을 알았습니다. 역사는 반복해서 일어난다고 했습니다. 역사학을 공부하여 다가오는 세대들에게 우리의 정체성을 갖게 해주고 창의성을 빛낸 선조들의 문화에 대해 올바른 가르침을 배우고 싶어 지원하게 되었습니다. **〈지원동기〉**

역사와 관련된 활동으로 동아리 활동과 독서 활동을 했습니다. 임진왜란을 다른 관점으로 보고 싶어 이순신과 그를 추종하는 귀순 일본인 장수 김충선이 조선에 대한 반역을 도모하는 "이순신의 반역" 책을 읽었습니다. 만일 그때 이순신 장군이 역성혁명을 일으켜 새로운 조선이 건축되었다면 우리 역사는 어떤 모습으로 변했을까?를 마음속으로 그려보았습니다.

한 나라에서 지도자의 통솔력이 얼마나 중요한지 알게 되었으며 역사를 통해 현재를 볼 수 있는 눈을 가질 수 있었습니다. 민족 지도자들의 나라에 대한 역사의식 어떠했는지를 체험하고 싶어 상해를 방문했습니다. 조국을 향한 선조들의 애국심과 나라 사랑을 경험하고 역사학자의 꿈을 확인할 수 있었습니다. **〈노력한 과정1〉**

역사 동아리 활동을 통해 독도가 우리의 영토임을 알리고 싶었습니다. 서울시청을 방문하여 실시간 전해지는 독도 영상을 보고 자료를 조사해서. 실효적 지배와 역사적 사건을 근거로 독도가 우리나라의 땅임을 보고서로 작성하여 토론 활동을 했습니다. 그리고 해외와 국내에서 진행된 독도 플래시모 동영상을 모아 함께 보며 따라 할 수 있었습니다. 특히 필리핀과 스페인에서 만든 플래시모를 보고 나라 사랑을 더 느낄 수 있었습니다. **〈노력한 과정2〉**

상설동아리-반크 활동을 통해 위안부 할머니들의 겪은 고초를 느끼고 싶어 수요 집회에 참석해서 할머니의 고초를 듣고 글로 작성했습니다. 작성한 글을 영어로 적어보았습니다. 영작과정에서 어려운 점이 있었지만, 선생님의 도움을 받아 완성했습니다. 완성된 글에 소녀상 사진을 넣어 홍보물을 만들었습니다. 인사동에 나가 외국인들에게 위안부의 실상을 알렸습니다. **〈노력한 과정3〉**

교과과목을 배우면서 역사 관련 내용이 나오면 정리해 스크랩을 만들어 자료를 모았습니다.

수능 특강을 배우던 중 "역사를 가르쳐야 하는 이유" 지문에 관심이 갔습니다. 저는 자료를 조사하여 역사란 무엇인가에 대한 정의와 역사는 어떻게 인식하여야 하는가?에 대해 역사를 흔히 인류 생활의 과거에 일어난 일이라고 생각하면서도 모든 역사는 현재의 역사이다. 라는 사실을 알고, 역사교육의 필요성에 대해 우리가 말하는 세계화에서, 최대한의 이익을 얻어내려고 한다면 서로 다른 문화를 이해하고 그 문화에 맞는 방식으로 다가가야만 선도적인 세계인이 될 수 있다는 것을 느낄 수 있었습니다.

수업시간 중 교과 내용과 잘 연계된 수행평가 과제로 "베트남 음식 특징"을 소논문을 통해 발표했습니다. 지역에 따라 다양한 음식이 존재하고 문화가 형성된다는 사실을 알았습니다. 우리나라 음식 기원에 대해 알고 싶었습니다. 자료를 찾아 굴비, 수박, 설렁탕, 후추, 청양고추, 고구마, 막걸리, 비빔밥 등에 대해 생활 속 단어 하나만 알아도 역사를 이해 할 수 있었습니다. 단어를 통해 역사를 쉽게 이해하고 배울 수 있도록 항목을 만들어 학급 게시판에 붙여 친구들의 관심을 끌게 했습니다.

나만이 옳다는 편협함을 벗어나 무엇이 아니라 왜를 통해 어떻게든 을 도출해내는 창의적인 000이 되고 싶습니다. **〈노력한 과정4〉**

대학 수시종합전형 합격 자기소개서 사례

4. 지원동기와 입학 후 학업계획 및 진로 계획에 대해 기술해 주시기 바랍니다. (1,000자 이내)

지난 3년간 마음을 담아 시작한 봉사활동 한 주도 거르지 않았습니다. 한결같은 성실함으로 사학에 대한 진리와 탐구심이 있습니다. 임진왜란 때 많은 조선인이 희생되어 일본에 방치된 사실을 역사 탐방을 통해 알게 되었습니다. 임진왜란이 왜 일어났고 그 당시 조선의 시대적 상황은 어떠했는지 조사했습니다. 무능한 지도자와 당파싸움으로 인한 결과가 백성들의 고초로 이어졌다는 것을 알았습니다. 역사학을 공부하여 다가오는 세대들에게 우리의 정체성을 갖게 해주고 창의성을 빛낸 선조들의 문화에 대해 올바른 가르침을 하고 싶어 지원하게 되었습니다. **〈지원동기1〉**

역사학 이론과 한국사에 관심으로 공부하면서 나만이 옳다는 편협 함에서 벗어나 우리 사회를 정확하게 바라볼 수 있는 시각을 키우고 싶습니다. 학교에서 주관하는 학과 프로그램에 적극적으로 참석하겠습니다. 해외 답사, 유적발굴조사 현장실습을 통해 역사적으로 잘 알려지지 않은 유적 보존과 소중한 가치에 관해 내용을 잘 담아 학술 진흥재단 등재지 연 2회 발간할 수 있도록 노력하겠습니다. 이를 위해서 강의실에서 벗어나 현장실습과 탐구 활동을 하는데 학과 동아리 활동이나 선배 멘 토를 찾아 사학에 관한 기본 역량을 확장해가겠습니다. **〈입학 후 학업계획1〉**

동양사, 서양사, 고고미술사는 융합형사고를 가지고 전공 간 통합을 통해 지식을 창출해 나갈 수 있도록 최선을 다해 수업에 참여 기본 역량을 배워가겠습니다. 학문의 다양성을 이해하고 지식 확장을 위해 어학 공부를 하겠습니다. 영어는 문장을 읽어 나갈 정도의 수준은 되기 때문에 듣기와 말하기 위주로 부족한 부분을 채워가겠습니다. 말하기가 어느 정도 되면 해외 답사와 해외 유적지 발굴 현장에 참석하여 문화재 발굴과 보존에 관해서 소통을 통해 많은 것을 배우겠습니다. 중국어를 배우는데 도전해보고 싶습니다. 기초적인 역량을 배워 동양사와 고고학 등을 읽을 정도 수준으로 끌어올려 우리나라 역사의 가치를 찾아 가는데 도움이 되도록 하겠습니다. **〈입학 후 학업계획2〉**

진로 계획에 대해서는 대학원을 진학하여 역사학을 전공하고 싶습니다. 전공을 통해 세상에 잘 알려지지 않은 우리나라 문화유산인 직지, 한글 등을 연구하여 우리 선조들의 창의적인 문화유산을 후손과 세계인에게 알리고 싶습니다. **〈진로계획〉**

대학 수시종합전형 합격 자기소개서 사례

4. 지원동기와 학업계획을 중심으로 자신의 향후 진로 계획에 관해 기술해 주시기 바랍니다. (1,000자)

지난 3년간 마음을 담아 시작한 봉사활동 한 주도 거르지 않았습니다. 한결같은 마음으로 사학에 대한 열정과 관심이 있습니다. 임진왜란 때 많은 조선인이 희생되어 일본에 방치된 사실을 역사 탐방을 통해 알게 되었습니다. 임진왜란이 왜 일어났고 그 당시 조선의 시대적 상황은 어떠했는지 조사했습니다. 무능한 지도자와 당파싸움으로 인한 결과가 백성들의 고초로 이어졌다는 것을 알았습니다. 역사학을 공부하여 다가오는 세대들에게 우리의 정체성을 갖게 해주고 창의성을 빛낸 선조들의 문화에 대해 올바른 가르침을 하고 싶어 지원하게 되었습니다. 〈지원동기〉

역사학 이론과 한국사에 관심으로 공부하면서 나만이 옳다는 편협 함에서 벗어나 체계적인 지식과 역사 사실을 올바르게 해석할 수 있는 능력을 키우고 싶습니다. 학과에서 주관하는 역사 현장과 유적지 답사를 통해 저의 견문을 넓히기 위해 강의실에서 벗어나 현장실습과 탐구활동을 하겠습니다. 학과 동아리 활동이나 선배 멘 토를 찾아 역사문화에 대한 인식 능력을 배양해 나가겠습니다. 〈학업계획1〉

동양사, 서양사는 융합형 사고를 하고 전공 간 통합을 통해 지식을 창출해 나갈 수 있도록 최선을 다해 수업에 참여 기본 역량을 배워가겠습니다. 학문의 다양성을 이해하고 지식 확장을 위해 어학 공부를 하겠습니다. 영어는 문장을 읽어 나갈 정도의 수준은 되기 때문에 듣기와 말하기 위주로 부족한 부분을 채워 나가겠습니다. 말하기가 어느 정도 되면 해외 답사와 해외 유적지 발굴 현장에 참석하여 문화재 발굴과 보존에 관해서 소통을 통해 많은 것을 배우겠습니다. 중국어를 배우는데 도전해보고 싶습니다. 기초적인 역량을 배워 동양사와 고고학 등을 읽을 정도 수준으로 끌어올려 우리나라 역사의 가치를 찾아가는 데 도움이 되도록 하겠습니다.

자기 주도적 학습과 커리큘럼을 설계하여 협력과 소통으로 역사 자료의 발굴을 목표로 하여 특히 일본에 코가 베인 상태로 방치된 12만의 조상들의 혼을 달래줄 수 있는 이상을 가지고 있습니다. 〈학업계획2〉

진로 계획에 대해서는 대학원을 진학하여 역사학을 전공하고 싶습니다. 전공을 통해 세상에 잘 알려지지 않는 우리나라 문화유산인 직지, 한글 등을 연구하여 우리 선조들의 창의적인 문화유산을 후손과 세계인에게 알리고 싶습니다. 〈진로계획〉

모의유엔 참가 자소서

학적/인적사항				
성 명(한글)		성 별	남 ( ) 여 ( )	
성 명(영어)		생년월일	. . .	
주 소				
휴 대 폰		담임교사	성명	
			연락처	
학적 사항	학년 반 번			
해외거주경험	유 ( ) / 무 ( )	국가		거주기간	년 개월

자기소개서(국문) ▶ 글꼴 : 신명조/바탕/맑은 고딕, 글자크기 : 10, 분량 제한 없음
▶자기소개서에 기재된 진로 희망, 관심 분야에 관한 내용을 참고하여 소속 이사회 배정

꽃은 누가 시키지 않아도 스스로 피어납니다. 저도 누군가의 요구에 의해서가 아닌 저 스스로 제 인생을 만들어 가고 싶습니다. 특히 나라의 평화를 위해 제 삶을 헌신하며 인생을 만들어 가고 싶습니다. 저는 통일 국가를 세우는 정치인이라는 꿈을 가지고 있고 이를 이루기 위해서는 어떤 상황에서도 시민들의 의견을 반영한 옳은 결정을 하기 위해서 남들과의 소통, 화합, 협력을 중요하게 여깁니다.

저는 이 능력을 기르기 위해 초등학교 2학년 때부터 꾸준히 학급 반장과 회장, 전교 회장과 부회장을 맡으며 학생들과의 회의를 통해 학교 행사에 참여해왔습니다. 가치관이 모두 다른 학생들 사이에서 하나의 결론을 내는 회의가 쉽지 않았을 뿐더러, 회의에 참여하지 않는 학급 친구들에 대해서는 어떻게 대처해야 할지 잘 몰랐습니다. 그러나 매일 스스로 말하는 친구 외에 내성적인 성격의 친구에게도 대답을 유도하거나 돌아가며 한 명씩 모두 말하는 방법을 택하고 투표를 통해, 결정하는 방법을 취하니 학생들의 참여도 눈에 띄게 높아졌습니다.

그러나 학교생활을 하면서 학생들이 분단국가에 대해 무관심하다는 것을 깨달았습니다. 그래서 학생들의 통일에 관한 인식이 바뀔 수 있도록, 1학년 때는 통일의 문제점에 대해 발표를 준비해 학생들에게 알리고, 2학년 때는 청소년의 통일에 관한 인식과 통일 교육이라는 주제로 논문을 써서, 발표도 하고, 통일 관련 글짓기 대회에 참가하여 통일에 관한 제 가치관을 알렸습니다. 또한, 3학년 때는 2019 남북정상회담에 대해 알려야겠다고 생각하여 2019 남북정상회담 판문점 선언을 소개하는 발표를 했고, 통일을 위해 남과 북의 언어 차이를 해소해야 한다는 주장의 보고서도 제출하였습니다.

그리고 무엇보다 남들과 회의를 통해 결론을 도출할 수 있는 개인적 역량을 키워야 한다고 생각하여 이 능력을 키울 수 있는 제2차 서울일반고등학교 모의유엔총회에 참여하고 싶습니다.

경제 공정무역 3분 영어 발표 사례

The theme I"m going to talk about is economy.

Among them, fair trade. Let me introduce about fair trade.

Fair Trade? An economical activity that concerns people and the environment by trading eco-friendly produced products.

Reducing poverty and climate change on Earth due to the prevention of natural disasters can make a better world than we expected.

Let me take a look at the main principles of Fair trade.

-Creating opportunities for economically disadvantaged producers

-Transparency and accountability

-Capacity building

-payment of a fair price

-Gender equity

-Working conditions

-Environmental protection

Next, Let me take about the problem of domestic fair trade.

-Lack of marketing skills

-Sponsored by relying on

-Lack of product quality management

-Limited Item

-Already given high price

-Lower margins of wholesalers

I can talk about fair trade companies of foreign country

-Holly Star Marketing

-Comfort

-Unique design

-Every time a pair of shoes sold, Barefoot children is 3rd world for a pair of shoes one donation back.

-Widespread publicity

-Using natural dyes are not harmful to humans.

Thank you for listening.

경제 공정무역 3분 영어 발표 사례

경제 공정무역 3분 영어 해석

제가 발표할 주제는 경제입니다. 경제 중에서도 공정무역입니다. 공정무역을 소개하겠습니다. 공정무역이란? 친환경적으로 만들어진 상품 거래를 하는 데 관심을 가지는 경제적 활동입니다. 자연재해 예방으로 지구에서 가난과 기후변화를 줄이는 것은 우리가 기대하는 것보다 훨씬 더 좋은 세계를 만들 수 있습니다. 공정무역의 주된 원리에 대해 살펴보겠습니다.

경제적으로 취약한 생산자들에게 경제활동 기회를 만들어 줍니다.
투명성과 책임(의무), 생산능력, 공정한 가격 지급, 성 평등, 작업환경, 환경보호
다음으로 국내 공정무역에 관해 설명 하겠습니다.
마케팅 기술 부족, 후원자, 의존, 생산 품질 관리 부족, 제한된 항목, 이미 형성된 높은 가격
소매상의 낮은 수익. 외국 공정무역회사에 대해 말하겠습니다.

할리우드 스타 마케팅, 위안, 독특한 디자인 신발을 하나 팔 때마다, 맨발로 다니는 제3 세　계 어린이들에게 신발 하나 기부, 넓게 퍼진 매스컴의 관심, 천연 연료 사용으로 인간에게　해가 없음. 들어 주셔서 감사합니다.

게임이론과 확률에 대한 발표 사례

1. 서론

 1). 연구 주제에 대한 동기

 일상에서 행해지는 대화에서 '게임' 이라는 단어는 재미로 하는 술래잡기, 핸드폰 오락, 사다리 타기, 단어 이어가기, 숨바꼭질 등 일종의 가벼운 '놀이' 정도로 여기는 경우가 대부분이다. 그러나 이 논문에서의 게임은 상대보다 유리한 전략으로 상대를 이길 수 있는 체스나 장기 그 정도로 비슷하다고 볼 수 있다.

 게임의 결과가 그 사람이 채택한 전략에 따라 결정되는 체스나 장기 같은 상황은 '게임이론'이라는 단어를 생각하게 하는 시작 단계이다. 이것과 관련해 게임에서 이길 수 있는 확률과 그 확률을 높일 수, 있는 방법 등을 분석하고 연구하기 위하여 이 주제를 선정하는 동기가 되었다.

 2). 연구 주제가 가지고 있는 의의

 게임이론은 1944년 폰노이만과 모르겐슈테른의 공저(게임이론과 경제행동)의 출판으로 널리 알려지게 되었다. 선행연구에는 모로우와 포웰의 국제분쟁연구, 라이커와 샙슬에 의한 정권형성·입법 과정 연구, 오데슉과 콕스에 의한 선거 과정 연구 등이 있다.

 하나의 게임은 몇 명의 참가자와 이런 참가자들이 할 수 있는 행동들(전략), 그리고 전략들의 조합에 따라 받게 되는 참가자들의 보상으로 구성된다. 게임이론은 상호 의존적인 의사 결정에 관한 이론으로 참가자들이 상호작용하면서 변화해가는 상황을 이해하는데, 도움을 주고 매 순간 어떻게 행동하는 것이 더 이득이 되는지를 수학적으로 분석하는 것이다.

2. 본론

1) 수학이론에 대한 고찰

1-1). 성대결 게임

 수학이론에 대한 고찰로 남자, 여자의 성대결 게임으로 설명해보고자 한다. 이 게임에서는 한 쌍에 부부가 저녁 시간의 기분 전환을 위해서 두 가지 중 하나를 선택해야 한다. 남편은 기분 전환으로 영화 보기를 좋아하고, 아내는 외식으로 피자 먹으러 가기를 좋아한다. 앞에 있는 숫자는 아내의 선호도를 나타내고 뒤에 있는 숫자는 남편의 선호도를 나타낸다.

 둘 다 영화를 보러 가는 경우 여자는 2의 성과를, 남편은 3의 성과를 얻는다. 그렇다면 둘 다 피자를 먹으러 가는 경우 아내는 3의 성과를, 남자는 2의 성과를 얻는다. 그들이 각각 좋아하는 선택을 하였다면 그들은 따로 외출할 것이고 데이트의 의미가 사라지기 때문에 각각 0점의 성과를 얻는다.

	피자	영화
피자	3.2	0.0
영화	0.0	2.3

게임 이론과 확률에 대한 발표 사례

1-2). 죄수의 딜레마 게임

죄수의 딜레마 게임은 한 죄수가 다른 한 명의 공범에 대해 자백을 하면 자백한 그 사람은 석방하는 반면, 다른 공범은 징역 3년을 받게 된다는 것이다. 이는 상대편 공범이 자백을, 했을 경우도 마찬가지이다.

즉, 누구든 자백을 하면 자백을 한, 그 사람은 석방되지만, 상대편 공범은 3년의 징역을 받는다. 그러나 두 공범이 모두 자백을 하면 각각 징역 2년을 받으며, 둘 다 자백하지 않고 묵비권을 행사하면 각각 징역 6개월을 받게 된다.

구분	공범 B : 묵비권(협조)	공범 B : 자백(배신)
공범 A : 묵비권(협조)	공범 A/B : 징역 6개월 선고	공범A : 징역 3년 선고 공범 B : 석방
공범 A : 자백(배신)	공범 A : 석방 공범 B : 징역 3년 선고	공범 A/B : 징역 2년 선고

서로가 윈-윈 할 수 있는 전략은 두 사람 모두 협조를 선택하는 것이다. 이는 개인의 이기적인 선택이 두 사람 또는 모든 사람에게는 비 효과적일 수 있다는 것을 보여 준다.

죄수의 딜레마는 게임이론에만 적용되지 않고 사회에 광범위하게 적용할 수 있다. 예를 들면 우리나라에 사교육 과열 현상이 벌어지고 있는데, 이는 옆집, 앞집 뒷집 아이들이 모두 학원을, 다니거나 사교육을 받을 때 우리 집 아이만 안 받을 수 없어 사교육을 시켜, 모두에게 영향을 준 것이다.
주제에 대해 수학적으로 분석해 보고, 이론적으로 설명했다. 성 대결과 죄수의 딜레마 게임을 가지고 수학 이론이 어떻게 활용되어 사용되었는지 알아보았다.

3. 결론

다른 참가자와 의견 교환을 한다면 두 명 다 이득을 볼 수 있다. 예를 들어 남편은 영화 보러 가는 것이 그가 좋아하는 선택이라는 결정적인 사실을 알려줄 수 있는 것이며, 이 경우 아내가 자신의 보상을 최대화할 수 있는 조치를, 취한다면 이 선택은 아내에게도 이득이 될 것이다. 결과적으로 성 대결 게임은 양측 모두에게 최선이 되는 가능한 공통의 결과를 얻기 위해서 몇 가지 약속이 필요하다는 것이다.

딜레마 상황에서 서로의 신뢰만이 상호 간에 최악의 결과를 벗어날 수 있는 해결책이 될 것이다. 상호 신뢰를 바탕으로 배반하지 않겠다는 약속이 지켜질 때 서로에게 가장 좋은 결과를 얻을 수 있다.
아직 확률이란 정확한 개념이 없어 극히 제한적이고 이미 잘 알려진 내용을 가지고 논문에 접근할 수 없었다. 확률 개념에 대한 정확한 메타인지를 갖추어 좀 더 포괄적인 내용을 가지고 게임 이론에 접근해 보고자 한다. 기후변화, 스포츠 경기 등 게임이론을 확률을 통해 도움을 주는 연구가 선행되길 기대한다.

국제평화를 위한 활동 발표 사례

[Q]. 국제 사회 행위 주체로는 국가, 국제기구, 다국적 기업, 개인 등이 있습니다. 서로 다른 행위 주체 셋을 골라 다른 내용을 서술하시오. 예를 들어, 국제평화 활동을 하는 우리나라(국가), 나이키(다국적 기업) 등의 활동에 대해 작성해서 발표하는 것입니다.

행위 주체	국제평화를 위한 활동
동티모르에서 활동 중인 유엔 평화유지군 (국제기구)	어떠한 국가 또는 지역이 극심한 분쟁에 휘말린 경우 유엔 안전보장이사회는 평화유지 활동을 결의할 수 있다. 유엔 안전보장이사회의 평화유지 활동이 결의되면 유엔평화유지부는 해당 국가 또는 지역의 평화유지 활동을 위한 방안을 수립한다. 이러한 평화유지 활동에 분쟁의 억제를 위한 군사력이 필요하다고 인정될 경우 안전보장이사회의 승인을 얻어 평화유지군을 결성할 수 있다. 유엔은 상시적인 군사력을 보유하지 않기 때문에 평화유지군은 임무 마다 각국의 자발적인 파병으로 결성된다.
HWPL은 유엔 공보국(DPI) 및 경제사회이사회(ECOSOC), 대한민국 외교부에 등록된 평화 NGO 단체다.	HWPL은 전쟁으로 고통받는 지구촌에 전쟁을 종식하고 평화를 후대에 유산으로 물려주기 위해 정치, 종교, 국가, 인종을 초월해 현재까지 전 세계 170개 지부에서 평화 사업을 추진하고 있다. HWPL의 주요 사업으로는 △전쟁 종식 국제법 제정 △종교연합사무실 운영 △평화교육 등이 있다. HWPL은 세계적인 국제법 관련 권위자 21명과 함께 2016년 3월 14일 '지구촌 전쟁 종식 평화 선언문(DPCW · Declaration of Peace and Cessation of War) 10조 38항'을 발표하고 현재까지 29차에 걸친 세계 순방을 통해 DPCW의 지지 및 서명을 촉구하고 있다.
NGO(민간단체)	정부 간의 협정이 아닌, 민간단체가 중심이 되어 만들어진 비정부 국제조직을 의미한다. 불평등, 폭력 등의 비인도적 행위 고발 핵 문제, 인권침해, 환경파괴 등 평화를 해치는 행위에 관한 자료를 수집하여 세계에 알림. 인터넷 캠페인을 통해 여론 형성하거나 모금하기, 탄원서 보내기
개인 후원	월드비전, 세이브더칠드런, 굿네이버스, 그린피스, 유니세프 한국위원회를 등을 통해 후원할 수 있다. 용돈 1~2만 원 후원으로 할 수 있는 일 -영양실조로 고통받은 어린이 3명에게 영양가 높은 음식을 제공할 수 있다. -15명의 어린이에게 홍역 예방을 접종할 수 있다. -20명의 어린이에게 시력을 보호하고 질병 저항력을 높이는 비타민 A 캡슐 1년 치를 줄 수 있다.

국제 사회의 구성원으로서 내가 할 수 있는 것 발표 사례

<Q1>. 세계화 시대를 살아가는 구성원으로서 내가 할 수 있는 일에 대해 생각해봅시다. 지금의 내가 국제평화를 위해 당장 실천하고 적용할 수 있는 방안에는 어떤 것이 있을까요?
<A1> 세이브더칠드런 단체를 통해서 태어나자마자 희소병이나 질병으로 힘들어하는 어린아이들에게 모자 짜기를 해서 보내주는 일이 있습니다.
 또한, 공정무역 커피를 사 마시면 열악한, 환경에서 노동하는 근로자에게 이윤이 발생할 수 있어 적극, 동참할 수 있습니다.

<Q2>. 다양한 국제 분쟁의 사례 중 하나를 고른 뒤, 이를 소재로 하여 창작물을 만들어 봅시다. 여러분은 특정 사건에 대해 고발하거나 비판 의식을 촉구할 수도 있으며, 평화의 중요성을 강조할 수 있습니다. 포스터, 배지, 팸플릿, 카드 뉴스, UCC, 창작극, 연주, 연극, 단편소설, 행사, 행사 기획서(모금 활동, 자원봉사) 등 다양한 방식을 택하여 창의성을 발휘해봅시다. 아래에는 어떠한 창작물을 만들어 낼 것인지에 대한 계획을 구체적으로 작성하면 됩니다.

<Q3>. 친구(대중)들에게 알리고 싶은 분쟁과 그 이유는?
<A3> 한국과 일본이 자기네 땅이라고 우기는 독도에 대한 분쟁인데 역사적, 실효적 근거를 들어 독도가 우리나라 땅이라고 밝히는데 홍보하고 싶다.

<Q4>. 그 국제 분쟁을 알리기 위해 효과적인 방법에 대해 고민해보고, 그 구체적인 계획을 작성해봅시다.
<A4> 대상: 한국민
방법: 독도 문제를 알리기 위하여 독도가 우리나라 땅임을 밝히는 PPT를 만들어 SNS을 이용 홍보한다.

<Q5>. 기대효과에 대해 발표하세요.
<A5> 독도가 우리나라 땅임을 밝히기 위해서 역사적인 근거를 들고 우리나라 영토이기 때문에 경찰이 독도를 수호하고 있다는 실효적 지배를 들고, 경제적 가치(미래 천연가스 메탄 하이드레이트)가 매장되어 있고 관광을 통한 가치가 있다는 것을 국민이 알 수 있는 계기가 될 수 있다.

선택한 독서 읽고, 수학 내용(수 학사) 발췌 및 감상 작성 발표 사례

각 항목당 4줄 이상 그리고 30자 이상 작성해야 함.

『소설처럼 아름다운 수학 이야기』 김정희 / 동아 출판사

1. 피타고라스 정리: $a^2+b^2=c^2$

토끼는 매일 새벽 옹달샘 에서 물을 떠 온다. 그런대, 집에 도착만 하면 물이 한 방울도 남아 있지 않았다. 알고 보니 양동이 바닥이 구멍이 나서 물이 계속 새나가고 있었다. 토끼의 양동이에는 30리터의 물을 담을 수 있고 5분에 10리터씩 물이 새나갔다. 집에 도착한 순간 한 방울도 남아 있지 않게 되었다면, 토끼의 집에서 옹달샘 까지 걸린 시간은 얼마이겠는가?

2. 데카르트 좌표계

데카르트 좌표 계는 바로 침대에 누워서 천장의 무늬를 관찰하던 도중에 발견되었다. 그는 천장에 그려지는 직선들 사이를 날아다니는 파리들을 발견하고, 직선들이 교차하는 가운데 파리 들의 위치를 수로 표시할 수 있을 거리를 생각한다. 그 아이디어로부터 서로 직교하는 좌표가 탄생한다. 좌표계가 파리 한 마리에서 비롯되었다면 믿을 수 있겠는가.

3. 파스칼 원뿔 곡선

파스칼은 천재성을 인정받아 14세 때 프랑스 수학자들의 모임에 참석하게 되었다. 16세 때 『원뿔 곡선 시론』이라는 논문을 발표했는데 파스칼이 그 논문을 썼다는 것을 믿으려 하지 않았다. 아버지가 쓴 것이라는 의심을 받을 정도로 이 논문은 어린 소년의 것으로, 보이지 않았다. 원뿔 곡선이란 원뿔을 잘랐을 때 생기는 곡선을 말한다. 원뿔이 있다고 가정하고 그것을 칼로 아무렇게나 베어보라. 가로로 똑바로 자르면 원이 나오겠고, 비스듬하게 자르면 타원이 나오겠고, 바닥을 향해 비스듬히 내리면 포물선이 나온다. 이렇게 생긴 원, 타원, 포물선을 원뿔 곡선이라고 한다.

4. 갈릴레오 거리(d)=속도(v)×시간(t)

갈릴레오는 무게가 서로 다른 공을 들고 피사탑으로 올라갔다. 그리고 갈릴레오가 헛소리를, 한다더라 하고 몰려든 구경꾼들 앞에서 과학적으로 검증해 보였다. 놀랍게도 가벼운 공과 무거운 공은 동시에 지면으로 떨어졌다. 물체의 무게와 떨어지는 속도는 아무런 연관이 없다는 것이 밝혀지는 순간이었다.

거리(d)=속도(v)×시간(t)

거리(d)=½ 가속도(a)×시간의 제곱t^2을 증명한 것이다.

『소설처럼 아름다운 수학 이야기』을 위에 언급한 수학자 외에 페르마와 파스칼, 뉴턴과 라이프니츠, 케플러, 유클리드 등 많은, 학자들의 수학 사가 있었지만, 과제로 제시한 4개 항목(수학자)을 조사 발표했다.

주장을 뒷받침하는 근거 조사 후 발표 사례

실학자를 선정해서 어떤 개혁안을 내놓았는지 정리하고, 다른 실학자 개혁안과 비교해서 합리적인 개혁 방안 설명한다. 만약 선택한 실학자가 우리와 같은 시대에 살아가는 인물이었다면 어떤 사회문제를 가지고 어떤 주장을 했겠는가?(주장을 뒷받침하는 역사적 근거) 조사하여 발표 사례

[선택한 실학자: 정약용]

<개혁안> 정약용은 농민을 위한 정치 경제 개혁안을 구상 발표한 것은 33세 때 암행어사로서 경기도 각 지방을 순찰하면서 농촌의 참상을 목격한 것이 계기가 되었다. 농촌의 비참한 실정을 시로 표현하고 탐관오리를 색출처단 하면서 진보적인 농촌 경제 개혁안을 구상하게 된 것이다. ≪목민심서≫ 작품을 통해 여러 목민서가 지향한 가장 중요한 특징은 목민관의 정기(자기 자신을 바르게 함)와 청백 사상이 전편에 걸쳐 강하게 흐르고 있는 점이다. 또한, 청렴은 수령의 맡은 일이며, 모든 선의 원천이며 덕의 근본이니, 청렴하지 않고 능히 수령, 노릇할 수 있는 자는 없을 것이라고 말하고 있다.

[다른 실학자: 박지원]

사회 현실은 경제의 피폐화와 사회의 구조적 모순으로, 평민들은 기본적인 생계조차 꾸리기 어려운 실정이었다. 신분 질서의 재편성으로 평민 의식의 각성으로 존경의 대상이었던 양반 사대부가 야유와 풍자의 대상이 되었다. 그리고 경영형 부농(임 노동을 이용하여 판매를 목적으로 한 농업을 경영한 부농층)이 생기고 소작농으로 전락하는 양반이 생겼다. '허생전'에 나타난 사상으로는 상업 경제사상의 고취, 이상국 건설과 해외 진출 사상, 사대부의 허위 비판(북벌론 비판), 이용후생의 북학 사상의 고취가 나타난다.

『정약용과 박지원 개혁안 비교』

정약용은 농촌의 참상(경제)는 지방 관리의 도덕적 부패 때문에 일어나는 것이고, 지방 수령의 본 업무로 청렴함을 들어 개혁방안을 설명한다. 반면에 박지원은 청나라와 서구의 문물을 적극, 받아들일 것을 주장하였다. 그리고 서구의 문물과 청나라의 기술 중 성곽 축조, 제련 기술 등을 적극, 받아 들어야 한다고 주장하였다. 상행위를 천시할 것이 아니라 상행위와 무역을 적극, 장려하고 무역항을 개설해야 할 것과 화폐를 이용할 것을 주장하였다. 두 실학자의 개혁안을 비교해보면 정약용은 나라 안에서 찾으려 애쓰고, 박지원은 나라 밖의 문물을 받아들여 개혁안을 펼쳐 든다. 물론 두 실학자의 개혁안의 다름은 인정해야 한다. 제가 생각하는 합리적인 개혁안은 청렴한 정치를 함으로써 경제와 사회적 모순을 극복해가는 정약용의 개혁안이 서구문물을 받아들여 상업과 교역에 개혁을 시도하는 박지원보다 합리적이라고 생각한다.

『만약 선택한 실학자가 우리와 같은 시대에 살아가는 인물이었다면 어떤 사회문제를 가지고 어떤 주장을 했겠는가?(주장을 뒷받침하는 역사적 근거)』

<나의 의견> 정약용은 지방 관리들의 부패를 목민심서를 통해 글로 작성했기 때문에 부패한 공직자들의 위선과 거짓이 횡행하는 사회문제를 바로잡고 정의와 공정 그리고 평등이 있는 사회를 만들기 위해 공직자가 갖추어야 할 『공직자윤리법』시행을 요구했을 것이다.

개고기를 먹으면 안 되는 이유 발표 사례

1. 주제 선정 이유

우리나라 사람들은 예로부터 몸보신을 위해 개고기를 먹어왔다. 미국 여배우 ' 킴 베이싱어'은 한국을 방문하여 개고기 식용 반대 운동을 했다. 또한, 동물애호가인 프랑스 여배우 브리지뜨 바르도는 한국인의 개고기 식용 습관을 시종일관 야만인이라고 표현하면서 한국인들이 제발 개고기를 먹지 말 것을 주장했다. 식용으로 개고기를 먹는 것에 대해, 반대하기 위해 주제를 선정했다.

2. 개요

우리나라 사람들은 초복이 오면 건강을 위해서 많은 음식을 챙겨 먹는다. 예를 들어 삼계탕, 장어 탕 등 건강에 좋은 음식들을 먹는 것이다. 하지만 이날 먹는 음식 중에는 매년 빠지지 않고 논란이 발생하는 것이 있다. 바로 '개고기 '이다. 개고기는 옛날 마땅한 양질의 단백질 공급원이 부족했던 시절에 집에서 기르던 개를 손쉬운 영양보충으로 여긴 관습이 있었다.

그러나 현재 개를 식용으로 하는 것에 대해 많은 논란이 많이 발생한다. '반려동물' 이라고 불리는 동물을 음식으로 삼기 때문이지 않나 싶다. 개 식용과 관련된 논쟁이 시작되면서 항상 나오는 질문들이 있다. " 왜 개를 먹으면 안 되지?", " 개고기를 먹는 것은, 우리의 전통 문화이다" 라는 질문들이다. 저도 이러한 질문을 정말 많이 들어왔는데 때때로 말문을 막히게 하는 질문들이었다. 그래서 이번 기회를 통해 한번 생각을 밝히고자 한다. 첫째, " 왜 개를 먹으면 안 되지?"이다. 개는 현행법상 축산물 위생관리법의 대상이 아니다. 축산물 위생관리법은 우리의 식탁 위에 올라오는 축산물의 위생에 대한 모든 것을 보호하는 법이다.

개는 이 법에 포함되어있지 않기 때문에, 먹기 위해서 사육되거나 도축으로 유통이 되는 것은, 불법이다. 둘째, "개고기는 우리의 전통문화이다" 라는 질문이다. 조선 시대에 존재한 노비 제도는 현재 윤리의식이 변화되면서 이 노비 제도는 자연스레 사라졌다. 이처럼 동물에 대한 학대와 폭력이 단지 전통이라는 이유만으로 정당화하는 행동은 옳지 않다고 본다.

개고기를 먹으면 안 되는 이유 발표 사례

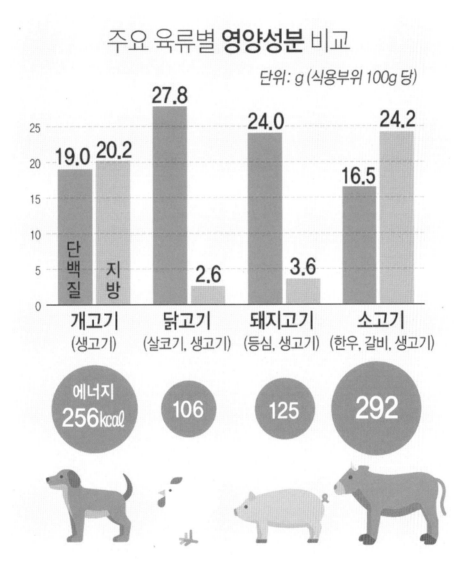

위에 있는 표를 보면 돼지고기, 닭고기, 소고기와 비교 했을 때 상대적으로 개고기는 좋지 못한 영양성 분을 가진다고 보여주고 있다. 개가 영양성분이 많이 있다는 것은 설득력이 떨어진다.

전국 3대 개 시장으로 불린 성남 모란시장, 구포가축시장이 사라지면서 개 도축 시설을 갖춘 전통시장 은 이제 대구 칠성시장과 경주 안강시장 정도만 남은 상황이다. 대구 칠성시장 도 얼마 후에 사라질 거 라고 한다.
개를 식용보다는 반려견 으로 받아들여 혼자 사는 분들과 몸이 불편한 어르신들에게 도움을 주는 반려 견과 함께 사는 세상을 기대해 본다.

대중과 소통할 수 있는 4차 산업 3D 프린터 활용 발표대회 사례

오늘 제가 발표할 주제는 "4차 산업혁명 시대에 효과적인 기술의 사용 방법" 에 대해 발표하고자 합니다. 얼마 전에 세상을 바꾸는 제4차 산업혁명의 미래" 라는 책을 읽었습니다. 책의 주요 내용은 너무 빠른 시대의 변화에 적응하지 못하는 사람들에 대한 줄거리입니다. 책을 읽고 문득 이런 생각이 들었습니다. 과연 우리는 시대변화에 잘 준비를 하고 있는가? 한참을 생각해도 쉽게 답을 내리지 못했습니다.

이 스마트폰은 주머니 속에 있는 컴퓨터라 불릴 만큼 많은 기능을 보유하고 있습니다. 지문 안면 인식, 블루투스, 카메라 등 기본 기능을 시작으로 매우 다양한 기술이 있습니다. 그리고 시리, 빅스비와 같은 인공지능이 스마트폰에 기능을 갖추고 있어서 능숙하게 쓰고 있습니다. 그러나 스마트폰에는 이외에도 많은 기능이 있지만 우리는 사용하고 싶은 것만 쓰는 경향이 있습니다. 우리는 흔히 부모님께 핸드폰에 대한 기능을 가르쳐주면서 핸드폰에 모든 기능을 안다고 착각할 수 있습니다.

그래서 다가오는 4차 산업시대 관련해서 우리가 관심을 가져야 할 부분에서 설명하겠습니다. 바로 3D 프린터입니다. 4차 산업시대가 되면 3D 프린터는 소량 생산이 가능하며, 개인이 집에서도 제조할 수 있습니다. 최근 2년 사이 본격적으로 3D 프린터가 활발히 보급되고 있습니다. 하지만 3D 프린터를 생산하기 위해서는 높은 비용과 지적재산권의 문제로 기업에서 물건을 생산하기 전에 시제품을 제작하는 정도로만 쓰입니다.

현대에 들어와서는 플라스틱 소재 뿐만 아니라 나일론, 금속, 수지 등으로 범위가 확대되었습니다. 4차 산업시대에 진입하면서 3D 프린터 생산비용이 급격히 절감되어 양산되고, 지적 재산권 기간이 종료되어 본격 개발되어 보급이 이루어지고 있습니다. 3D 프린터 개발은 의료계에도 획기적인 변화를 가져올 수 있습니다. 사람의 뼈, 간 등을 3D 프린터로 만들어 낼 수가 있는 것입니다.

3D 프린터 중 가장 보편적인 적층방식 원리는 재료를 녹여서 쌓는 방식인데, 필라멘트를 노즐까지 밀어넣어준 후, 3D 프린터 노즐(필라멘트가 나오는 구멍)과 베드(출력물이 쌓이는 판)가 가열되어 사용되는 것입니다. 이때 노즐이 약 200도가 넘는 온도로 가열되어 필라멘트를 녹이고 가열이 모두 완료되면 기본값 위치로 이동한 후, 프린팅을 시작합니다. 그 후 필라멘트를 밀어주는 바퀴가 필라멘트의 양을 조절하며 쌓아 나갑니다. 1층을 쌓으면 2층, 3층으로 높이가 조절되며 3차원 모양을 만드는 것입니다.

하지만 3D 프린터 하면 가격이 너무 비싸다는 고정관념을 가지고 있습니다. 네이버 최저가 기준 DIY(Do it yourself)프린터가 9만9천 원입니다. 이 3D프린터를 이용하면 집안의 많은 도구, 소품 등을 저렴하게 만들 수 있습니다. 예를 들어 필통 같은 학용품, 칫솔 꽃이 같은 화장실에서 사용하는 용품과 실내장식용품을 저렴하게 만들 수 있습니다. 디자인 프로그램은 30분에서 1시간 정도면 배울 수 있습니다.

4차 산업시대는 대기업에서 하던 제조업을 개인이 집에서도 할 수 있게 됩니다. 우리 손에 핸드폰을 쥐고 사는 것처럼 3D 프린터도 핸드폰처럼 자유롭게 쓸 수 있길 기대해봅니다.

스타벅스:

공정무역 실태와 진정한 글로벌 기업으로서의 도약을 위한 방향 제시

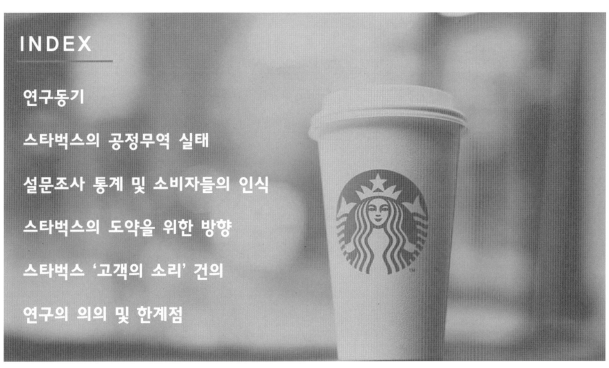

INDEX

연구동기

스타벅스의 공정무역 실태

설문조사 통계 및 소비자들의 인식

스타벅스의 도약을 위한 방향

스타벅스 '고객의 소리' 건의

연구의 의의 및 한계점

연구동기

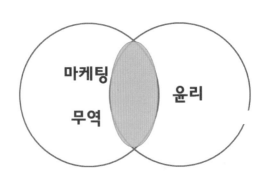

'스타벅스'의 '공정무역'

여러분은 스타벅스에서 공정무역에 대한 홍보를 하는 것을 보신 적이 있으십니까?

연구동기

공정무역이란?

다국적기업 등이 자유무역을 통해 이윤을 극대화하는 과정에서
적정한 생산이윤을 보장받지 못한 채 빈곤에 시달리는 개발도상국의
생산자와 노동자를 보호하려는 목적에서 발생한 대안적 형태의 무역

공정무역 홍보

공정무역 인증

"스타벅스는 전 세계에서 가장 많은 공정무역 인증 커피를 유통 및 로스팅하고 있습니다."

그렇다면 스타벅스의 공정무역 실태는 어떠할까요?

공정무역 실태

스타벅스는 공정무역 커피를 판매하고 있다고 홍보하고 있다.
반면 실제 이들 업체에 공정무역을 통해 판매하는 커피는 일부인 것으로 나타났다.
(세계적으로 스타벅스의 커피 사용량 中 공정무역 커피 2006년 6%, 2010년 7.9%)
- 메디컬투데이

보험연구원 2천명 대상 설문조사 결과 :
'같은 조건이라면 좀 더 윤리적인 기업의 제품을 구매하겠다'

"기업체에서 영리만을 추구하다보니 공정무역의 취지보다는
이미지를 좋게 하기 위한 수단으로 공정무역을 이용하고 있다.
이 같은 이유로 스타벅스가 전 세계적인 비난을 받은 바 있다."
- iCOOP생협 공정무역위원회 김태연 간사

"실질적 참여는 낮으면서도 공정무역이라는 이름으로 광고하는 기업들을 보면,
공정무역을 마케팅 수단으로 보는 기업의 이면이 드러난다."
- 아름다운 가게 공정사업무역부 엄소희 간사

공정무역 실태

스타벅스가 한국을 포함한 전 세계 21개국의 매장에서 '오늘의 커피'를 공정 무역 커피로 만들어
판매하고, 만약 '오늘의 커피'에 공정 무역 커피를 쓰지 않을 경우 고객이 요구하는 즉시 공정 무역
커피를 제공하겠다고 약속했다. 이에 두 명의 블로거가 '스타벅스 챌린지'를 제안했고, 가까운 스타
벅스 매장에서 오늘의 커피에 공정 무역 커피를 사용하고 있는지 실제로 확인해 보았다. 곧 13개국
300여 명의 소비자가 이 제안을 실행해 경험담을 올렸는데, 스타벅스의 호언장담과 달리 실제로
공정 무역 커피를 제공하지 않는 경우가 있었다고 밝혔다. - 책「고장 난 거대기업」좋은기업센터

스타벅스에게 공정무역 커피는 수익성이 좋은 틈새시장이며 단순한 커피의 한 종류일 뿐이었
다. 또한 공정무역은 사회적 책임이라는 브랜드 마케팅 전략의 강력한 도구였을 뿐이다. 많은
소비자들이 스타벅스를 공정무역 기업으로 인식한다는 사실을 비춰봤을 때, 스타벅스는 사실
최소의 변화를 통해 최대의 홍보 효과를 거둔 셈이다. - 책「커피의 정치학」다니엘 재피

대학생 박지연씨(22)는 지난달 "스타벅스가 공정무역에 앞장서고 있다"는 스타벅스의 광고
를 보고 매장에 가서 공정무역 커피를 주문했다. 점원은 "매장에서 공정무역 커피 원두로 커
피를 만들어 파는 게 아니라, 원두 자체를 파는 것"이라며 포장된 원두를 가리켰다.
박씨는 "속은 듯한 느낌이 들었다"고 말했다.
- 경향신문

설문조사

<스타벅스의 공정무역 관련 설문지>

본 설문조사는 서운고등학교 3학년 학생들의 학교 과제로, 스타벅스의 공정무역이 실제 소비자들에게 어떤 영향을 끼치는지 조사하기 위하여 실시함으로 솔직한 답변 부탁드립니다.

1. 스타벅스를 이용하시는 이유가 주로 무엇입니까?
① 좋은 위치(집이나 직장 등 자주 방문하는 곳과 가까움)
② 기업의 이미지
③ 커피(음료)의 맛과 질
④ 쾌적한 시설(와이파이, 인테리어 등)
⑤ 기타(   )

2. 스타벅스에서 공정무역을 홍보하는 것을 보신 적이 있으신가요?
① 네
② 아니요

2-1. (①번 선택시) 보셨다면 주로 무엇을 통해 보셨나요?
① 인터넷 홈페이지
② 광고(영상, 포스터 등)
③ 기사(인터넷, 신문 등)
④ 기타(   )

3. 스타벅스의 공정무역에 대하여 어느정도 알고계십니까? (아는만큼 간략히 적어주세요.)
(   )

4. 스타벅스에서 공정무역을 통해 구매한 원두를 사용한 커피가 판매되고 있을까요?
① 네
② 아니요

5. 스타벅스의 사회적 활동을 비롯한 공정무역이 스타벅스라는 기업의 이미지 개선에 도움을 주었습니까?
① 네
② 아니요

*Notice 스타벅스는 자사의 원두 사용량 중 약 10%만을 공정무역을 통해 구매하고 있지만 이를 대대적으로 홍보하여 기업의 이미지를 높이는 마케팅 수단으로 활용하고 있으며, 스타벅스 코리아에서는 공정무역원두로 만든 커피는 판매하지 않고 오직 가공된 원두로만 판매하고 있습니다.

6. *Notice를 읽으신 후의 인식 변화 또는 스타벅스가 진정한 글로벌 기업으로서 앞으로 나아가야 할 방향 등에 대한 의견이 있으시다면 자유롭게 좋은 의견 부탁드립니다.
(   )

♡ 소중한 의견 정말 감사합니다 ♡

설문조사 결과 및 소비자들의 인식

고객 만족, 재구매 및 충성도, 지속가능경영 등의
기업성과에 긍정적 영향을 끼치는 중요한 요인

기업의 이미지

1. 스타벅스를 이용하시는 이유가 주로 무엇입니까?
① 좋은 위치(집이나 직장 등 자주 방문하는 곳과 가까움)
26% ② 기업의 이미지
③ 커피(음료)의 맛과 질
④ 쾌적한 시설(와이파이, 인테리어 등)
⑤ 기타(   )

설문조사 결과 및 소비자들의 인식

64% 4. 스타벅스에서 공정무역을 통해 구매한 원두를 사용한 커피가 판매되고 있을까요?
   ① 네
   ② 아니요

⟹ 대다수의 소비자들이 판매되고 있다고 잘못 알고 있다는 사실

5. 스타벅스의 사회적 활동을 비롯한 공정무역이 스타벅스라는 기업의 이미지 개선에 도움을 주었습니까?
64% ① 네
   ② 아니요

⟹ 기업 이미지의 호감도 및 태도를 개선시키고 제품에 대한 구매의도를 증가시킴

설문조사 결과 및 소비자들의 인식

*Notice 스타벅스는 자사의 원두 사용량 중 약 10%만을 공정무역을 통해 구매하고 있지만 이를 대대적으로 홍보하여 기업의 이미지를 높이는 마케팅 수단으로 활용하고 있으며, 스타벅스 코리아에서는 공정무역원두로 만든 커피는 판매하지 않고 오직 가공된 원두로만 판매하고 있습니다.

6. *Notice를 읽으신 후의 인식 변화 또는 스타벅스가 진정한 글로벌 기업으로서 앞으로 나아가야 할 방향 등에 대한 의견이 있으시다면 자유롭게 짧은 의견 부탁드립니다.
(   )
광고하는 만큼 양심적으로 공정무역을 확대하면 좋겠다.   공정무역을 마케팅의 수단으로 사용하지 않으면 좋겠다.

공정무역원두를 가공된 원두뿐만 아니라 커피로도 판매하면 좋겠다.

지금과 같은 높은 기업의 이미지를 유지하기 위하여 공정무역 더욱 확대했으면 좋겠다.

공정무역커피를 판매하는 줄 알았는데 그렇지 않다는 사실이 놀라웠으며 공정무역원두로 만든 커피도 판매하면 좋겠고, 글로벌기업으로서 공정무역을 더욱 확대하면 좋겠다.

생각보다 적은 양의 공정무역을 한다는 것을 알면 소비자들이 실망할거 같고 글로벌기업으로서 나아가기 위해 공정무역을 더욱 더 적극적으로 진행하면 좋겠다.

이미 많은 기업들이 공정무역을 이미지 마케팅으로 사용해서 익숙하다.

공정무역을 확대하면 더 좋겠지만 10%라도 잘 유지하는 것이 좋을 것 같다.

도약 방향

→ 윤리적, 사회적 책임

1. 공정무역과 관련된 홍보를 과대 광고가 아닌 진실성 있고 정직하게 한다.

2. 공정무역을 더욱 더 확대한다.

3. 우리나라에서도 공정무역원두를 커피를 주문할 때 옵션으로 선택할 수 있게 한다.

'고객의 소리' 건의

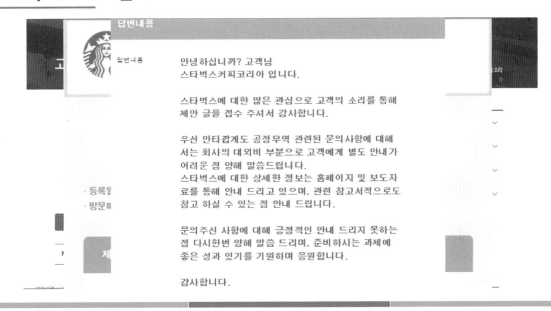

연구의 의의 및 한계점

의의

1. 스타벅스가 자사의 공정무역을 더욱 확대할 것이다.

2. 우리나라에서도 공정무역원두를 커피를 주문할 때 원두의 옵션으로 선택할 수 있게 될 것이다.

한계점

1. 최근의 객관적인 자료가 부족하다.

2. 설문조사의 대상이 한정적이기 때문에 일반화의 오류가 날 수 있다.

3. 스타벅스의 실제 개선 여부가 불확실하다.

참고문헌

「고장 난 거대기업」 - 저자 좋은기업센터 - 스타벅스 실제 사례

「커피의 정치학」 - 저자 다니엘 재피

경향신문 기사 (2011.08.29) - '공정무역 커피' 씁쓸한 뒷맛

네이버 남지아 아카이브 블로그 - 「매력적인 제품, 의미 있는 소비 -성북구 공정무역 센터 〈페어라운드〉」 (2018.06.16)

네이버 용이 잡지식 쌓는 블로그 - 「스타벅스의 허울뿐인 공정무역 마케팅」 (2008.04.04)

네이버 지식백과 - 두산백과

네이버 지식백과 - 매일경제용어사전

메디컬투데이 기사 (2011.06.24) - 「공정무역 외치는 스타벅스 등…실상은 '글쎄'」

박상록, 박현숙 (2013). 「기업의 사회적 책임활동을 통한 이미지 형성이 기업성과에 미치는 영향에 관한 연구」. 대한경영학회지, 26.4, (19)

스타벅스 코리아 홈페이지 - Customer Service & Ideas - 자주하는 질문

스타벅스 코리아 홈페이지 - Responsibility - 윤리구매 - 공정무역 인증

에너지경제 기사 (2015.01.12) - [착한소비] 길거리에서 만나는 윤리적 소비, '공정무역' 스타벅스

유소이 (2012). 「윤리적 제품에 대한 소비자 구매 갭(Gap) - 공정무역커피를 대상으로」. 소비자문제연구, 41, (2)

최성수, 유근준, 권용주 (2011). 「스타벅스의 CSR 활동이 기업평판과 사회적 연결감 및 고객구매의도에 미치는 영향」. 관광레저연구, 23.2. (3, 6, 8)

진로

INDEX

01 학과

02 무슨 진로?

03 경찰견관련 내용

04 계획, 하고있는 활동

동물자원학과

동물자원학과에서는 동물 자원의 가공, 생산에서 이용에 이르기까지의 모든 과정에 대해서 배웁니다. 동물자원학과는 이론과 실험을 바탕으로 이용할 수 있는 자원의 종류를 확대할 수 있는 동물 자원 전문가를 양성합니다.

애완동물학과

동물들을 훈련, 간호, 미용, 관리등의 실무적인 내용을 배웁니다. 궁극적으로 애완동물과 관련된 직업과 관련 산업 분야 종사자를 키운다

01. 내가 하고 싶은 진로

경찰견 핸들러

개를 훈련하고 관리하여 범죄 예방, 실종 수색 등 임무를 수행

마약탐지견 핸들러

마약류 적발을 위하여 특별히 세관 당국에서 관리하는 개와 함께 임무 수행

군견 핸들러

군대에서 개를 훈련 및 군 관련 활동을 수행

왜 핸들러가 되고 싶은가?

동물과 함께
사람들을
도와줄 수 있는
진로

경찰견은 무슨 일을 하나요?

대테러 테러 예방 진압 , 검측 탐지견 이용 폭발물 확인 안전
유지, 폭발물 신고출동, 실종자 수색출동, 관세청의 마약탐지, 검
역원의 해외 반입 물건 확인 등 다양한 일을 함.
해외는 암세포 탐지, 가스 누출탐지, 흰개미 탐지견 등도 있어요

경찰견은 특정한 견종이 정해져 있나요?

현재 가장 많이 경찰견으로 일하는 견종은 저먼세퍼드, 벨지안 세퍼드 말리노이즈,
래브라도 리트리버, 잉글리시 스프링거 스파니엘 등입니다. 래브라도 리트리버는
사람을 좋아하고, 잉글리시 스프링거 스파니엘은 성격이 활발하고 에너지가 넘치는
데다 체격이 작아서 유리한 점이 있다고 해요.

또 암컷보다는 수컷이 자신감이 많고, 체격이 커서 훈련하기 좋다고 해요.
전체견의 60% 정도가 수컷이라고 합니다

SKY대를 위한 과세특/수행/보고서 완결판

자격조건

개를 좋아하고 친하게 지낼 수 있다는 것이 가장 중요
그러나 단순히 좋아하기만 한다면 핸들러라고 말하기는
부족하지요.

개를 훈련할 수 있을 만큼 육체적으로 저창하
고 강하다는 것, 참을성과 자신감, 최소한의 감
독으로 효율적으로
경찰견과 일할 수 있는 능력, 책임감과 관찰력
등도
주요한 자격 요건이라고 합니다.

군대에서 군견을 훈련해 본 경험이 있는 사람들을 경찰
로 채용하기도 하고, 훈련사 자격이 있거나 동물과 관련
된 전공을 이수한 졸업자 중에서 선발하기도 합니다.

매년 지속적으로 채용하는 것은 아니라 타이밍이 중요

앞으로의 계획

동물관련 학과 진학
핸들러 자격증 따기
경찰이 되어 경찰견 핸들러로 활동

하고 있는 활동

유기견 유기묘 센터 봉사
관련 도서 독서

SKY대를 위한 과세특/수행/보고서 완결판

저   자 김원호, 김도균, 김용배

저작권자 김원호, 김도균, 김용배

1판 1쇄 발행 2020년 06월 22일

발 행 처 하움출판사
발 행 인 문현광
편   집 유별리
주   소 전라북도 군산시 축동안3길 20, 2층(수송동)
I S B N 979-11-6440-155-0

홈페이지 http://haum.kr/
이 메 일 haum1000@naver.com

좋은 책을 만들겠습니다.
하움출판사는 독자 여러분의 의견에 항상 귀 기울이고 있습니다.

이 도서의 국립중앙도서관 출판예정도서목록(CIP)은 서지정보유통지원시스템 홈페이지(http://seoji.nl.go.kr)와
국가자료종합목록 구축시스템(http://kolis-net.nl.go.kr)에서 이용하실 수 있습니다.(CIP제어번호 : CIP2020023925)